시스템과 테크닉에 관한 연구

BILLIARD ATLAS
빌리어드 아틀라스

월트 해리스 저 / 민창욱 역

제3권

일신서적출판사

THE BILLIARD ATLAS
P.O Box 321426
Cocoa Beach, Florida 32932-1426

http://www. Billiardatlas. Com
e-mail : wharris@billiardatlas.com

『빌리어드 아틀라스 3권』에는 환상적인 자료들을 모아놓았습니다. 만일 50년 전에 이 정보들을 알았더라면 하는 생각도 해 봅니다.
대개 테크닉을 시스템에 비해 덜 중요시해 왔는데, 이 책에서는 매우 중요한 테크닉들을 소개하고 있습니다. 3단 더블쿠션(Dive Back), 프로즌 볼(Frozen Object Ball) 같은 테크닉은 경기 중 자주 등장합니다. 개인적으로 필자는 변화폭 2.8(Spread 2.8)과 변화폭 1.4(Spread 1.4) 테크닉을 적용함으로써 난구를 아주 쉽게 해결할 수 있게 되었습니다. 수구의 속도에 따라 움직임(커브/디플렉션 등)이 변한다는 건 일급 정보입니다. 이와 더불어 스트로크 연구(Magic cure), 정신력(Mental Game)을 공부하고 난 후 필자는 기본 원리를 몰라서 미스한 공이 상당히 많다는 사실을 새삼 깨달았습니다.
기본 원리를 먼저 배운 후에 시스템과 테크닉을 연구하여 득점 방법을 습득하는 건 어떻습니까? 수구의 선을 계산하는 것이 관건입니다. 시스템을 연습하면서 감각도 사용해 보십시오. 여러분은 '3포인트 시스템(Opposite-Three System)'에 주의를 집중해 봄으로써 이것을 증명할 수 있습니다. 초심자가 3포인트 시스템을 앎으로 인해 경기 자체가 얼마나 달라질지 여러분은 상상해 보셨습니까? 『빌리어드 아틀라스 1-3권』에서 소개한 정보들도 마찬가지입니다. 시스템을 앎으로 인해 경기력은 비약적으로 상승할 것입니다.

저작권자 월트 해리스(1991년 획득).

미국에서 출판.

이 책에 관한 모든 권리는 저자에게 있습니다. 저자의 허락 없이는 책의 어느 부분도 녹화나 디지털 사진 촬영 등을 통하여 무단으로 복제, 유포 혹은 인터넷 게재를 할 수 없습니다.

다음은 미국과 저작권 협정을 맺은 세계 여러 국가들입니다.

아르헨티나, 오스트리아, 벨기에, 볼리비아, 브라질, 체코 슬로바키아, 칠레, 중국, 콜럼비아, 코스타리카, 크로아티아, 덴마크, 에콰도르, 엘살바도르, 프랑스, 독일, 그리스, 과테말라, 네덜란드, 온두라스, 헝가리, 이탈리아, 일본, 니카라과, 페루, 포르투갈, 필리핀, 폴란드, 스페인, 러시아, 태국, 터키, 베네수엘라, 베트남, 유고슬라비아, 대한민국

1991년 5월 미국에서 초판 인쇄

머 리 말

　중학교 2학년 때, 당구장은 불량 학생들이나 다니는 곳이라며 만류하던 저를 친구들이 억지로 끌고 들어가던 기억이 아직도 생생합니다. 그리고 그 날 이후로 제 삶은 많이 바뀌었습니다. 수업이 끝나면 언제나 당구장으로 향했고, 머리 속에는 늘 당구대를 그리며 지냈습니다. 그 과정에서 여러 사람을 만났고, 많은 것을 배웠고, 늘 성장하려고 노력했습니다. 당구는 제게 많은 인생의 교훈을 가르쳐 주었습니다. 항상 겸손하게 행동하고, 상대방을 존중할 줄 알고, 매 순간 집중하며, 현재에 안주하지 말고 끝없이 도전해 나가라고 말입니다.

　당구를 좋아하는 사람들은 순수합니다. 나이·직업·사상을 막론하고 당구를 치는 그 순간만은 모두 하나가 됩니다. 게임 중에는 어린 아이가 되어 공 하나 때문에 웃고, 좌절합니다. 게임이 끝나면 서로 경기 내용에 관해서 복구해 보고, 의견을 교환합니다. 많은 경우 경기는 술자리로까지 이어져 공에 대한 난상토론이 시작됩니다. 그리고 비틀거리며 다시 당구장으로 들어와서는 아까 나누었던 얘기들을 당구대 위에서 다시 풀어봅니다. 이렇게 진정으로 당구를 즐기는 많은 분들에게, 이 책이 조금이나마 도움이 되었으면 좋겠습니다.

　『빌리어드 아틀라스』에서는 저자인 월트 해리스씨가 수십 년간 세계 각국에서 수집한 여러 가지 시스템과 테크닉을 소개하고 있습니다. 특히 저자는 구(舊) 다이아몬드 시스템의 문제점을 분석하고, 보다 '정확한' 시스템을 정립하고자 노력했습니다. 그는 각 시스템마다 수구의 속도 / 당점 / 스트로크를 표준화하여 적용했는데, 이 기준에 맞춰 꾸준히 연습하다 보면 좋은 결과가 있을 듯 싶습니다. 뿐만 아니라 브리지, 그립, 정신력 등 당구 전반에 걸쳐 다양한 내용을 수록하고 있으니 많은 도움이 될 것입니다. 간혹 난해한 용어나 문구가 있다면 www.club.cyworld/billiardatlas 로 문의해 주십시오. 최선을 다해 답변해 드리겠습니다.

❖ ❖ ❖

이 책이 출판되기까지 많은 분들의 도움이 있었습니다. 우선 6개월 동안 제게 번역을 지도해 주신 세종 번역 전문 학원 하승주·한태영 선생님, 실제 번역 과정에 큰 도움을 준 우리 18의무사 본부중대 카투사·미군 동료들(특히 김강민 상병, Risty Thompson)에게 감사의 말을 전합니다. 또한 제가 이해하지 못했던 부분들을 친절하게 이메일로 설명해 준 저자 월트 해리스씨와, 출판에 힘써주신 일신서적출판사 관계자 분들께도 감사드립니다.

❖ ❖ ❖

또한 제게 당구를 가르쳐 준 분들…… 당구 아카데미 손형복 원장님, 양귀문 프로님, 유재영 프로님, 효광중학교 앞 25시 당구장 사장님, 광주일고 앞 벨기에 당구장 사장님, 동일 당구장 사장님, 고려대학교 앞 캠퍼스 당구장 사장님, 큐 당구장 사장님, 멋쟁이 FM 당구장 사장님, 그리고 제게 당구뿐만 아니라 인생을 가르쳐 주신 제 영원한 스승 Y2K사장님께 진심으로 감사드립니다.

❖ ❖ ❖

마지막으로 당구를 좋아하지 않았던 그녀에게 이 책을 바칩니다.

2006년 6월 30일
역자 민 창 욱

목 차

	서 문	▶ 10
Chapter 1	롱앵글 (The Long Angle)	▶ 17
Chapter 2	더블쿠션 (Across The Table)	▶ 47
Chapter 3	몇 가지 보석 (Some Gems)	▶ 75
Chapter 4	엔드레일 시스템 (End Rail)	▶ 87
Chapter 5	몇 가지 노하우 (How to)	▶ 113
Chapter 6	쇼트게임 (The Short Game)	▶ 133

Chapter 7	기초 원리 (Fundamentals)	▶ 151
Chapter 8	정신력 (The Mental Side)	▶ 165
Chapter 9	장 비 (Equipment)	▶ 173
Chapter 10	기 타 (Miscellaneous)	▶ 185
	저자 후기	▶ 201
	용어 정리 · 번역 용어	▶ 202
	추천의 글	▶ 204

서 문

스리쿠션 선수가 갖추어야 할 신형 무기 창고

나인볼 선수들을 위한 스리쿠션 입문서

끝이 보이지 않았던 자료 수집 작업에
요하나(Johanna)가 큰 도움이 되었습니다.
그녀의 열정과 용기에 감사를 표합니다.

당구대 앞에서 수많은 시간을
투자해 가며 본저에 수록된 시스템과
테크닉의 정확성을 체크해 준
조 벤트렐리(Joe Ventrelli) 선수에게도
감사의 말을 전합니다.

소개의 글

스리쿠션 게임은 유럽과 아시아 일부 지역에서 어마어마한 진전을 이루었습니다. 이제 어떤 선수가 게임 에버리지 2.0을 기록했다고 해도 아무도 놀라지 않을 것입니다. 3.0은 넘어야 비로소 주목받을 수 있습니다.

서반구 지역을 비롯하여 지구촌 대부분의 지역에서 선수들은 40년 동안 같은 에버리지를 유지하고 있습니다. 대부분 0.7에서 0.9 사이를 맴돕니다. 에버리지 1.0을 넘기는 선수가 흔치 않습니다. 가장 큰 이유 중 하나는 다이아몬드 시스템에 대한 지식이 부족하기 때문입니다. 다이아몬드 시스템이란 당구대 레일 위의 포인트(다이아몬드)를 이용하여 샷을 계산하는 방법입니다. 많은 선수들이 게임의 다른 측면에는 상당히 욕심을 보이지만, 유독 레일 위의 포인트에는 관심이 없는 듯 합니다.

엔리케 나바라(Enrique Navarra) 선수는 1954년과 1958년에 세계 선수권 대회에서 우승했는데, 당시 에버리지는 각각 0.937, 0.926이었습니다. 1970년 대회에서는 **레이몬드 클르망(Raymond Ceulemans)** 선수가 에버리지 1.267로 우승했습니다. 이처럼 높은 에버리지는 최근의 성과물입니다.

필자가 여러 지역을 돌아다니면서 느꼈던 점은, 대부분의 당구 선수들이 경기력을 향상시킬 수 있는 방법을 모른다는 것이었습니다. 대다수가 감각에 의존하고 있었으며, 주변에서 도와줄 사람도 없었습니다. 수십 년의 구력을 가진 선수들도 이에 대한 해답을 제시하지 못했습니다. 그들은 기본적으로 현재 그들의 수준에서 벗어나지 못하고 있었으며, 그때그때의 감각에 충실할 따름이었습니다.

시스템과 테크닉에 대한 지식 없이 정상급 선수가 된다는 것은 선수의 IQ가 160이 넘고 하루 6시간씩 몇 년 동안 연습을 계속하지 않고서야 불가능합니다. 혹시 수 년 동안 보크라인

게임을 터득했고, 재능이 탁월하며, 세계적인 스승 밑에서 다시 몇 년 동안 수업을 들었다면 가능할 지도 모르겠습니다.

재능이 뛰어난 사람이 평생을 당구에 헌신한다면 에버 1.0의 경지에 오를 수 있을 것입니다. 하지만 대부분의 당구인들이 그러하듯, 감각만을 사용한다면 그냥 동네에서 조금 친다 하는 수준 밖에 이르지 못할 것입니다.

만일 여러분들께서 제 말을 확인해 보고 싶다면, 수준급 선수를 찾아가 플러스 샷에 관해 얼마만큼 알고 있는지, 그들의 빈쿠션치기 샷이 얼마나 정확한지, 그들이 코너를 돌아나오는 각을 어떻게 조정하는지 물어 보길 바랍니다. 위의 샷들을 정확히 계산하기 위해서는 몇 가지 지식이 반드시 필요합니다.

무의식적으로 시스템을 적용하지 않는 다수의 선수들은 모든 문제를 해결해 줄 절대적 시스템이 존재할 것이라 생각합니다. 하지만 사실은 그렇지 않습니다. 당구대 위를 지나는 모든 선을 계산할 수 있는 절대적 다이아몬드 시스템이란 존재하지 않습니다. 데드볼 샷, 더블쿠션, 더블레일, 스핀 샷, 쇼트앵글 샷을 모두 포괄할 수 있는 절대적 시스템이 어떻게 존재할 수 있겠습니까.

『빌리어드 아틀라스』의 목표는 각종 샷을 다룰 수 있는 노하우를 선수들에게 제공하는 것입니다. 선을 계산하는 방법은 신속하게 배울 수 있습니다. 하지만 다양한 선들을 모두 암기하는 데는 시간이 꽤 걸릴 것입니다.

시스템 혹은 테크닉을 한 가지 습득하게 되면 다음에 같은 샷이 등장했을 때 더욱 정확히 파악할 수 있으며, 이는 전체적인 경기력 향상으로 이어질 것입니다. 에버리지는 0.56에서

0.57로 높아질 것입니다. 기량이 향상된다는 것은 매우 즐거운 일이지만, 그만큼 시간과 연구가 뒷받침되어야 합니다.

『빌리어드 아틀라스』는 다양한 시스템을 포괄하고 있으며, 각각은 서로 차이가 있습니다. 시스템을 사용하지 않는 선수들 대부분은 이런 정보가 있다는 사실조차 모릅니다. 실제로 대부분의 선수들은 데드볼 샷을 사용하지 않습니다. 하지만 각종 시스템을 습득하고 나면 선수의 초이스 '목록'이 늘어날 것이고, 샷을 공략하는 데 큰 도움이 될 것입니다. 이 경우 남들보다 몇 년 앞서 기량 향상을 이룰 수 있습니다.

위대한 레이몬드 클르망 선수는 당구를 현재의 수준으로 끌어올리는 데 핵심적인 역할을 하였으며, 시스템 사용의 1인자입니다. 일류 선수가 되기 위해서는 당구대 위의 선을 읽을 줄 알아야 하며, 정확히 샷할 수 있는 능력을 갖추어야 합니다.

들어가기에 앞서

당구의 시스템과 테크닉에 관해 글을 쓴다는 것은 결코 쉽지 않습니다. 저는 리포터로서의 역할을 충실히 수행하기 위하여 기존의 문서로 작성된 기술적 요소들을 모두 이해해야 했고, 영어에 익숙하지 않은 독자들까지 고려하여 글을 집필해야 했습니다.

제 역할은 복잡한 개념들을 간단명료하게 풀어내는 것인데, 이는 매우 힘든 작업이었습니다. 예를 들어 스트로크에 관해 논할 때도 제가 간단하게 정의내리지 못한 것은 관련 내용이 매우 방대하기 때문입니다. 「빌리어드 아틀라스 3권」에서는 단지 가장 핵심적인 부분만을 다루고 있습니다.

3권을 집필하기 위해 저는 세계 각국의 서적과 간행물을 분석했는데, 대부분은 외국어판이었습니다. 이 과정에서 번역자 역할까지 할 수 있는 당구 선수를 찾아야만 하는 어려움이 있었습니다.

다행히도 세계 각국의 시스템을 섭렵한 일부 선수들이 「빌리어드 아틀라스」 제작을 위해 이 역할을 자원해 주었고, 많은 자료를 제공받을 수 있었습니다. 저희에게 새로운 자료를 건네 준 선수들과 번역자들에게 진심으로 감사의 말을 전합니다.

더불어 정상급 선수들이 전수해 준 정보가 책의 큰 비중을 차지하고 있습니다. 그들의 관대함에 다시 한번 감사드립니다.

중요한 정보를 당구인들 전체에게 전달하는 일은 행복한 작업입니다. 제가 그 역할을 할 수 있게 된 것은 엄청난 영예가 아닐 수 없습니다.

Billiard ATLAS Chapter 1

롱앵글
The Long Angle

이 장에서는 조금 익숙하지 않은 주제에 대해 다룰 것이다. 필자는 45년 동안 당구를 치면서 이런 종류의 롱앵글 시스템에 대한 정보를 접할 수 없었다.
극소수의 선수들만이 롱앵글 샷의 정확한 선을 파악하고 있었다.
이 장에서는 새로운 시스템 몇 가지를 소개할 것이다. "2/3 시스템(Two-Thirds)", "플로리다 백업(Florida Back Up)", "시드 시스템 2(Sid's cousin)" 그리고 "삼각법(Triangulate)"이다. 계산법이 존재하리라고는 상상하지도 못했던 유형의 공을 여러분은 곧 접하게 될 것이다.
"사우스 시스템(System South)"을 사용하면 해당 유형의 공이 등장했을 때 보다 정확히 타구할 수 있다. 지난 수 년 간 감각에만 의존하여 해결하려 했던 선수들은 별다른 성과를 거두지 못했다.
다른 초이스가 없는 경우 "럭키 파이브(Lucky Five) 시스템"을 사용하면, 확률이 현저히 떨어지는 샷을 득점으로 연결시키는 데 도움이 될 것이다.
이 장을 섭렵하고 나면 여러분의 경기력은 몰라보게 달라질 것이다. 일반 동호인들이 시도조차 못하는 공을 득점으로 연결시킬 수 있을 것이다.

- 사우스 시스템
- 럭키 파이브
- 시드 시스템의 응용
- 2/3 시스템
- 플로리다 백업
- 투쿠션 걸어치기

사우스 시스템
System South

▶ 이 시스템은 비슷한 유형의 모든 샷에 적용 가능하며, 이처럼 쉽게 샷을 풀어낼 수 있는 방법은 지금껏 찾아볼 수 없었다. 예전에 한 선수가 이 시스템에 대해서 설명한 적이 있었지만 문서상으로 정립해 놓진 않았다. 아마도 이 유용한 정보를 전달하기 꺼려했던 것 같다.

▶ 이 시스템은 페루에서 고안되었다는 설이 있으나, 제작자가 누군지는 밝혀지지 않았다. 스티븐 쿡(Stephen Cook)씨 덕분에 우리는 이 시스템을 알게 되었다.

▶ 〈그림 301〉에서는 수구의 시발점이 3포인트인데, 이를 제로 라인(Zero Line)이라 부른다. 수구의 당점은 오른쪽 그림을 참조하라.

▶ 〈그림 302〉에서 수구의 시발점은 모두 같으나, 1적구의 위치가 각각 다르다. 상단 단축에 적힌 숫자는 적용되는 수구의 당점을 나타낸다.

▶ 〈그림 303〉에서는 수구의 시발점이 달라진다. 제로 라인에서 수구의 당점은 〈그림 301〉과 같다. 왼쪽 장축에 적힌 숫자는 수구가 제로 라인 상에 위치하지 않을 경우 적용되는 당점을 나타낸다.

▶ 〈그림 304〉에서는 수구가 장축 더블쿠션 형태로 진행하는 변형된 유형을 나타낸다. 필자가 생각하기에 마이너스 1팁이나 1/2팁 정도를 적용하면 적당할 것이다.

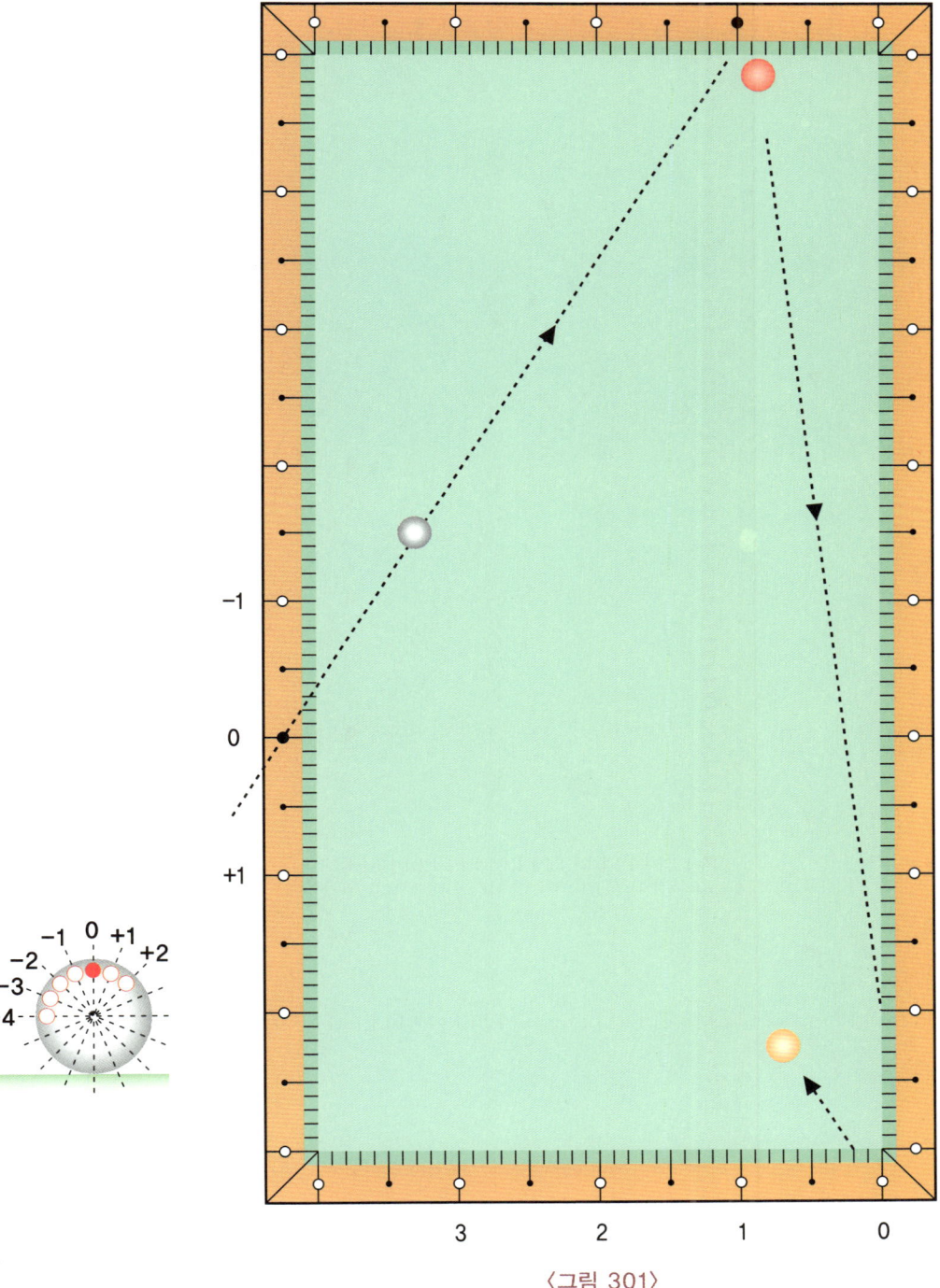

〈그림 301〉

THE LONG ANGLE 19

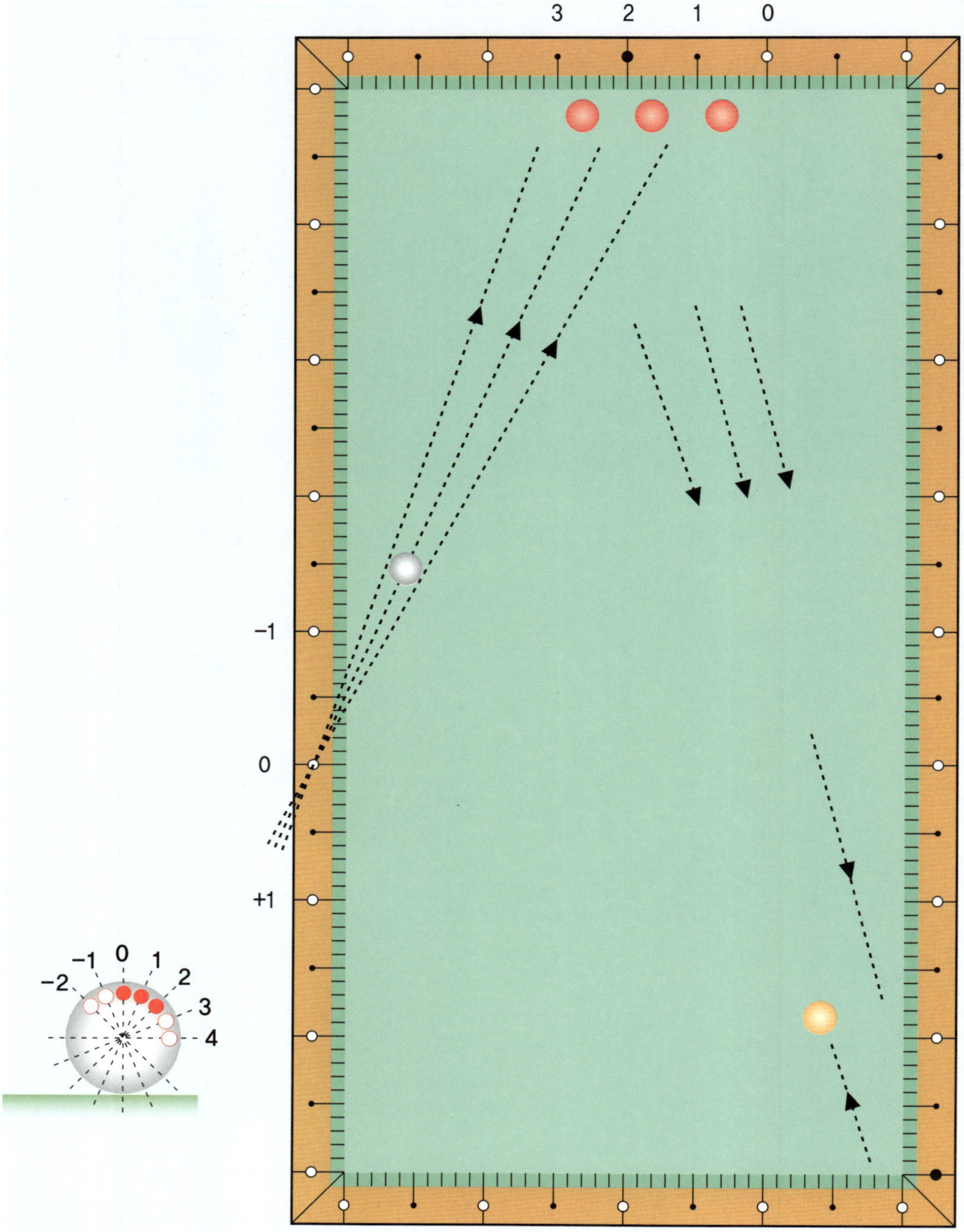

〈그림 302〉

20 BILLIARD ATLAS 시스템과 테크닉에 관한 연구

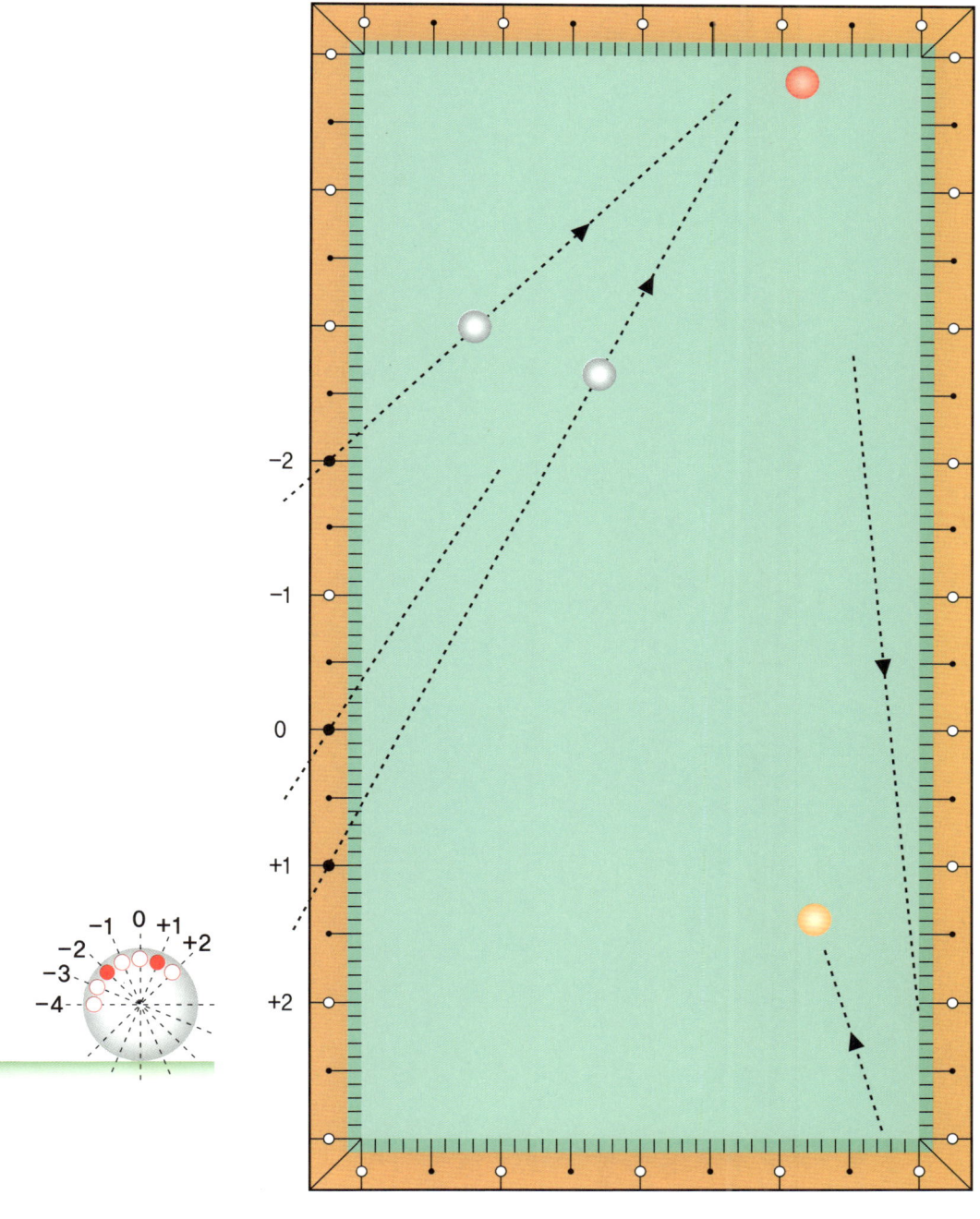

〈그림 303〉

THE LONG ANGLE 21

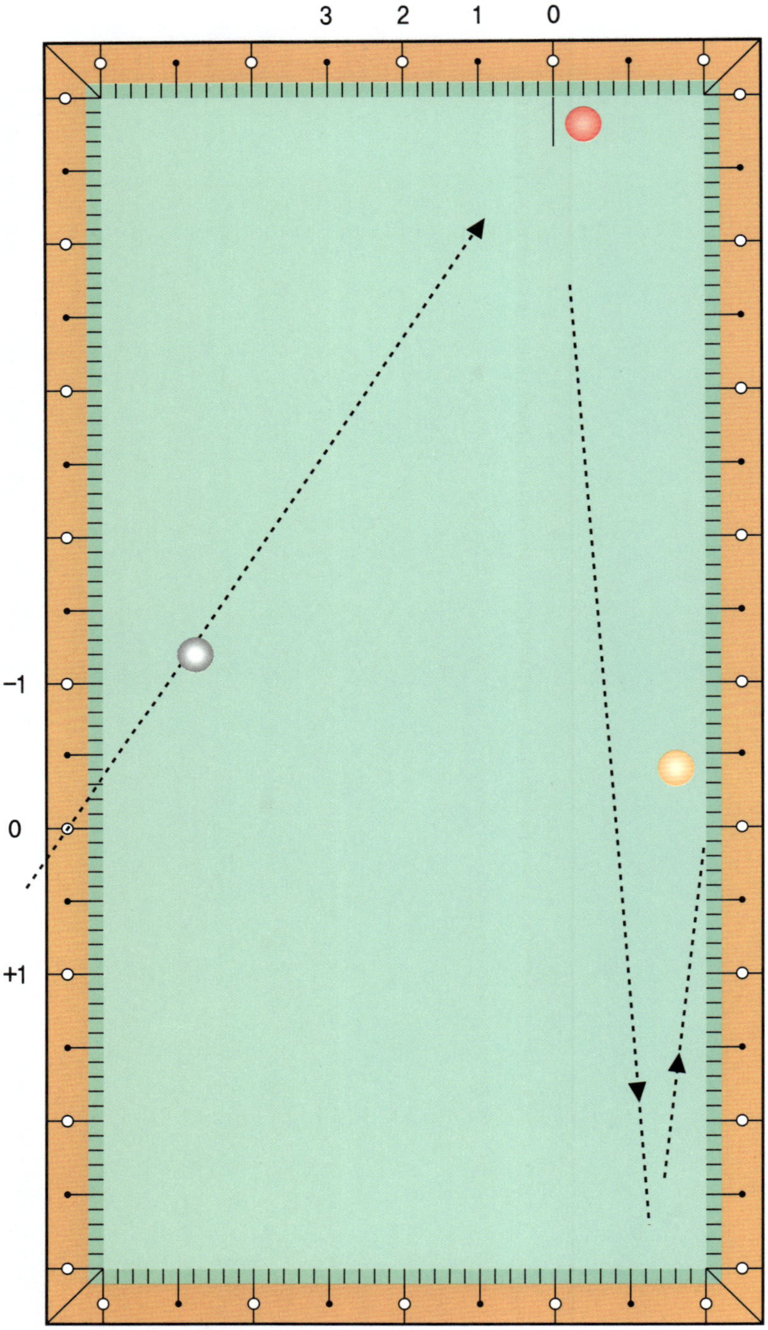

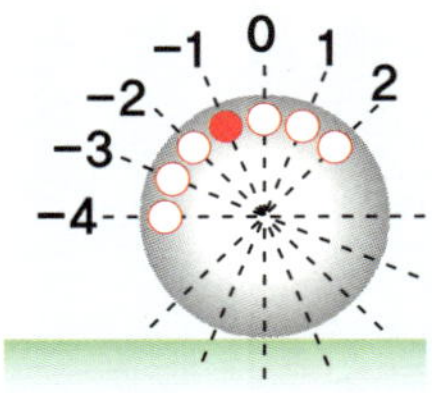

〈그림 304〉

22 BILLIARD ATLAS 시스템과 테크닉에 관한 연구

롱앵글 샷에서 수구의 회전을 살려
진행시키고자 한다면, 수구를 부드럽고
적당한 속도로 타격하라.

이 속도에서는 수구의 커브와
디플렉션이 서로 상쇄되어 없어진다.

2/3 시스템
Two-Thirds system

▶ 선수는 때때로 정상적인 회전에서 벗어난 수구의 진로 또한 파악하고 있어야 하는데, 지금부터 소개할 데드볼 시스템이 도움을 줄 것이다.

▶ 〈그림 305〉에서 왼쪽 장축에 '수구 수'가 적혀져 있다. 이 숫자는 수구가 코너를 돌아나올 때 사용된다.

▶ 이때 수구는 수구 수의 2/3(66%) 위치로 다시 돌아온다.

▶ 수구 수는 당구대를 테스트하는 과정에서 조금씩 차이가 있을 수 있는데, 특히 쿠션의 천을 새로 교체했을 경우 그러하다.

▶ 〈그림 305〉에서는 수구 수가 8일 경우를 예로 들었는데, 수구는 8의 66%인 5.3으로 돌아나온다.

▶ 〈그림 306〉에서는 1적구를 먼저 맞추는 일반적인 스리쿠션 유형에서 이 시스템이 어떻게 적용되는지 나타내고 있다.

▶ 이 시스템에서 수구 수의 한계는 12임을 명심하라. 만약 수구 수가 12 너머에 위치한다면, 『빌리어드 아틀라스 2권』 28쪽에서 소개한 뉴욕 바비 시스템(New York Bob System)을 참고하기 바란다.

▶ 위의 방법을 적용하면 보다 쉽게 득점할 수 있으며, 선수의 지식 축적에도 도움이 될 것이다.

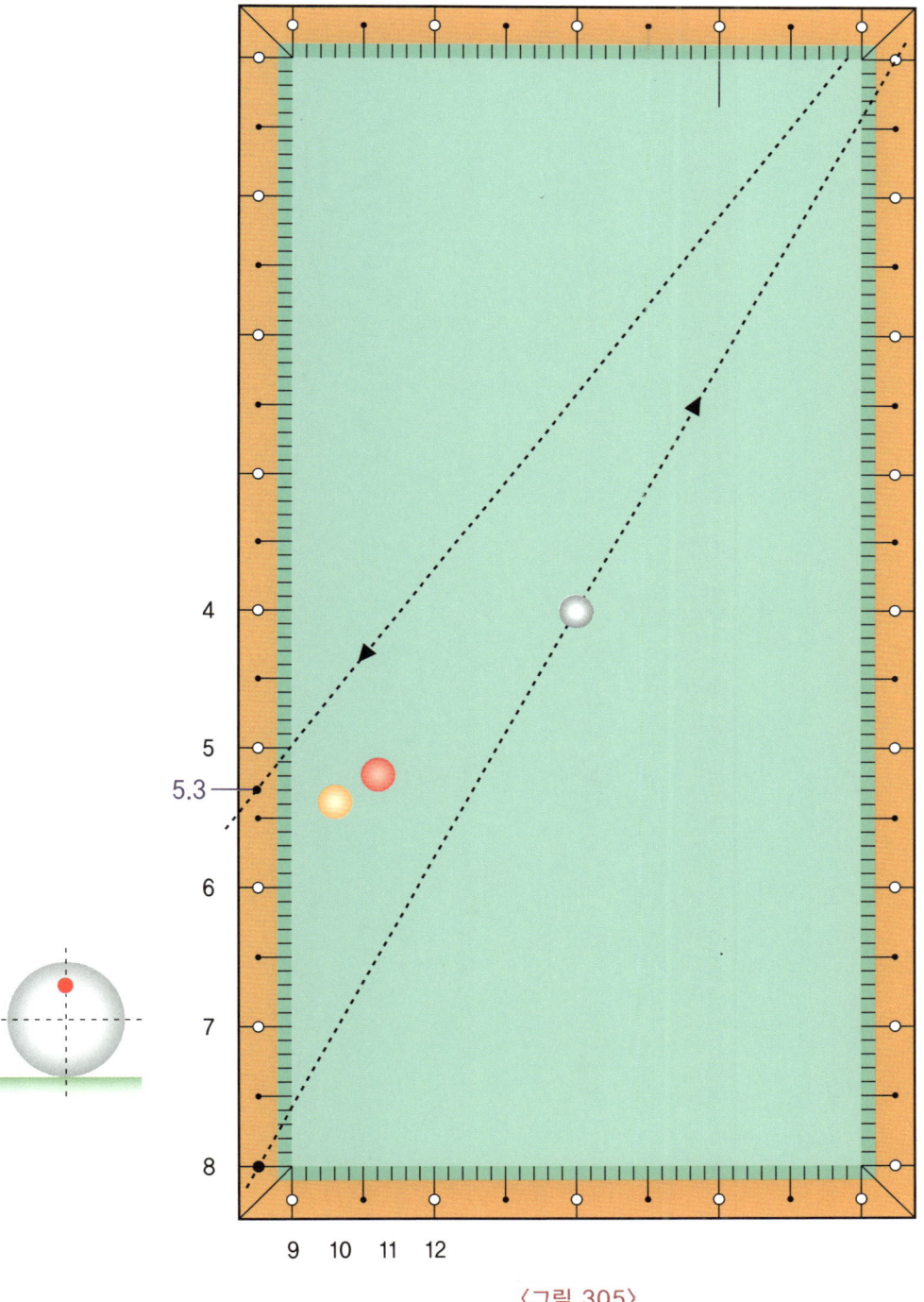

〈그림 305〉

THE LONG ANGLE 25

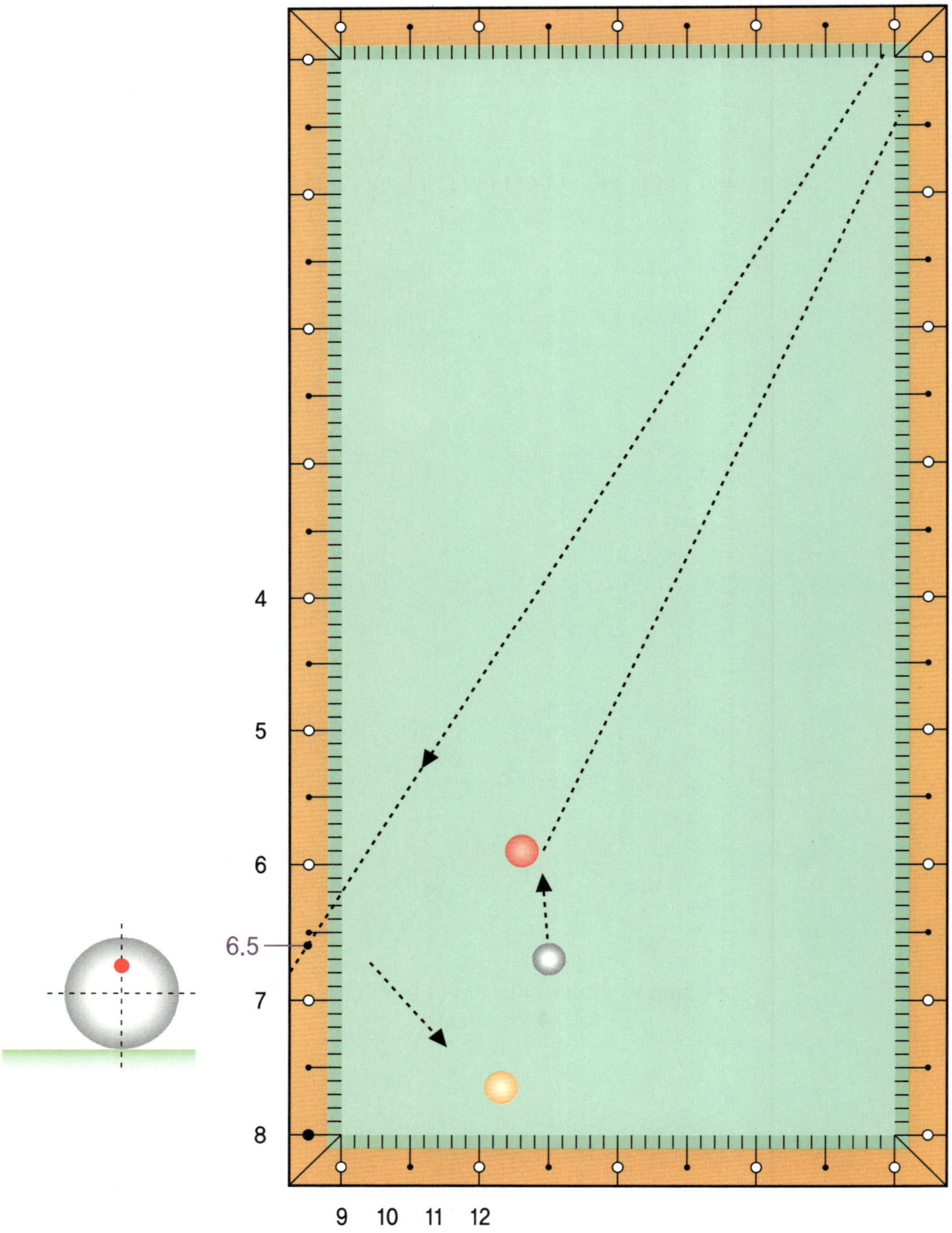

〈그림 306〉

26 BILLIARD ATLAS 시스템과 테크닉에 관한 연구

득점하는 데 있어서
가장 중요한 두 가지 요소는 완벽한 속도,
그리고 수구를 계획한 대로
정확히 타격할 수 있는 능력이다.

럭키 파이브
Lucky Five

▶ '럭키 파이브'라고 불리는 이 간단한 데드볼 시스템은 난구 해결에 큰 도움이 될 것이다. 수구의 시발점은 단축이라는 사실을 명심하라.

▶ 수구가 인접한 장축의 0을 겨냥할 경우, 수구 수에 5를 더해준 값이 3쿠션 지점이 된다. 〈그림 307, 308, 309〉에서 수구 수는 각각 5, 10, 15이며, 3쿠션 지점 10, 15, 20을 향해 되돌아온다.

▶ 만약 수구 수가 10이고, 3쿠션 지점 19로 보내고자 한다면 오차 조정이 필요하다. 인접한 장축의 포인트가 계산에 사용된다. 〈그림 310〉에서 수구 수는 5이고, ×2 조정법이 사용되었다.

▶ 3쿠션 지점을 10이 아닌 12로 보내고자 한다면 ×2 조정법을 사용하라. 즉 수구가 0을 겨냥했을 때 10 대신 12로 보내려면, 오차인 2를 10에 더해주어야 한다. 1×2=2이므로 1쿠션 겨냥점이 0이 아닌 1이 된다. 만일 14로 보내고 싶다면 2×2=4이므로 1쿠션 겨냥점이 2포인트가 된다.

▶ 〈그림 311〉에서는 수구 수가 10이므로, ×4 조정법이 사용된다. 3쿠션 지점 19로 수구를 보내고자 한다면, 기존 3쿠션 지점인 15와의 오차는 4가 된다. 1×4=4이므로 1쿠션 겨냥점은 1이 된다.

▶ 〈그림 312〉에서는 수구 수가 2이므로 조정이 필요하지 않다. 0을 겨냥할 경우 7을 향해 되돌아온다. 만약에 3쿠션 지점 9로 수구를 보내고 싶다면 1쿠션 겨냥점을 2로 수정하라. 2+7=9가 된다.

※ 4쿠션 지점을 정할 때는 2쿠션에서 3쿠션으로 향하는 각과 3쿠션에서 4쿠션으로 향하는 각이 같다는 것을 활용하라.

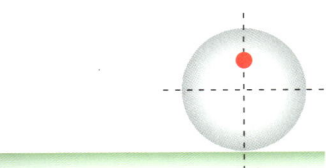

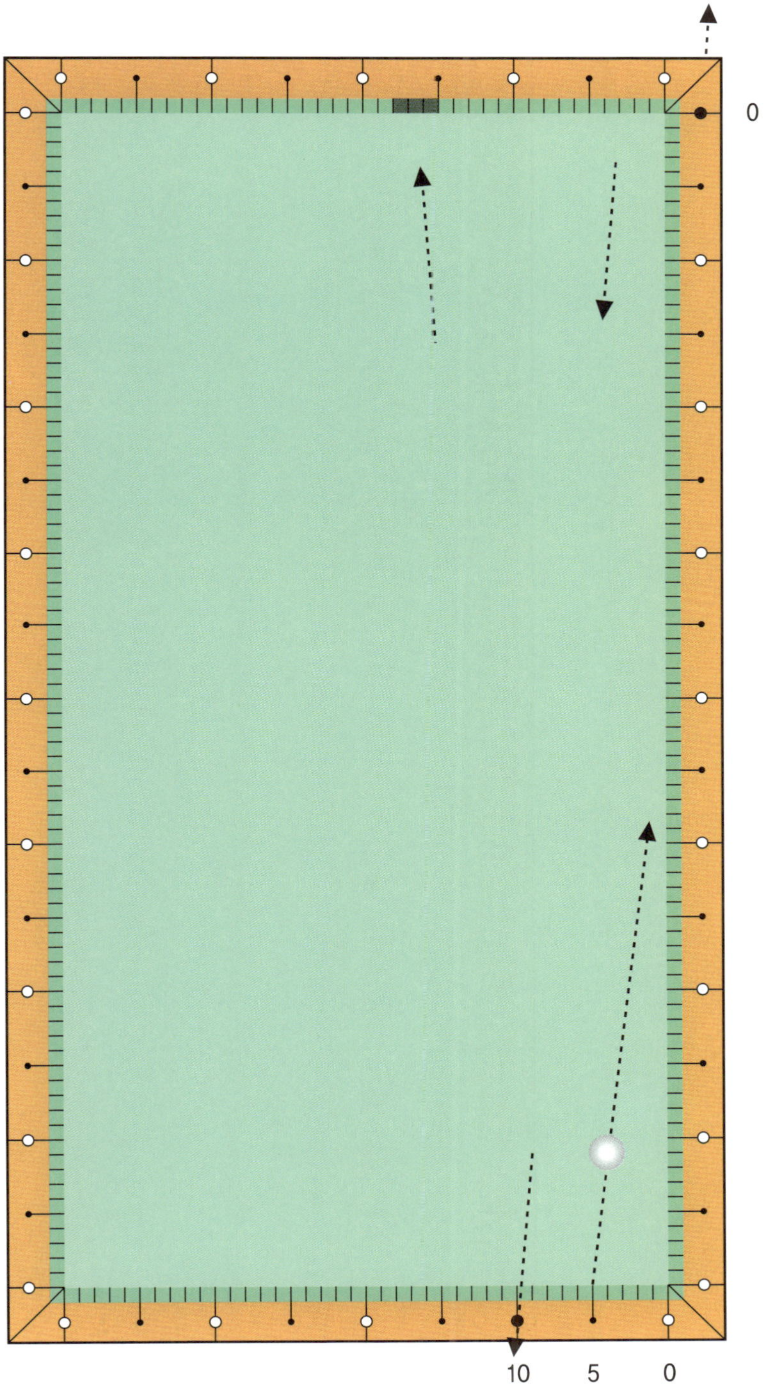

〈그림 307〉

THE LONG ANGLE 29

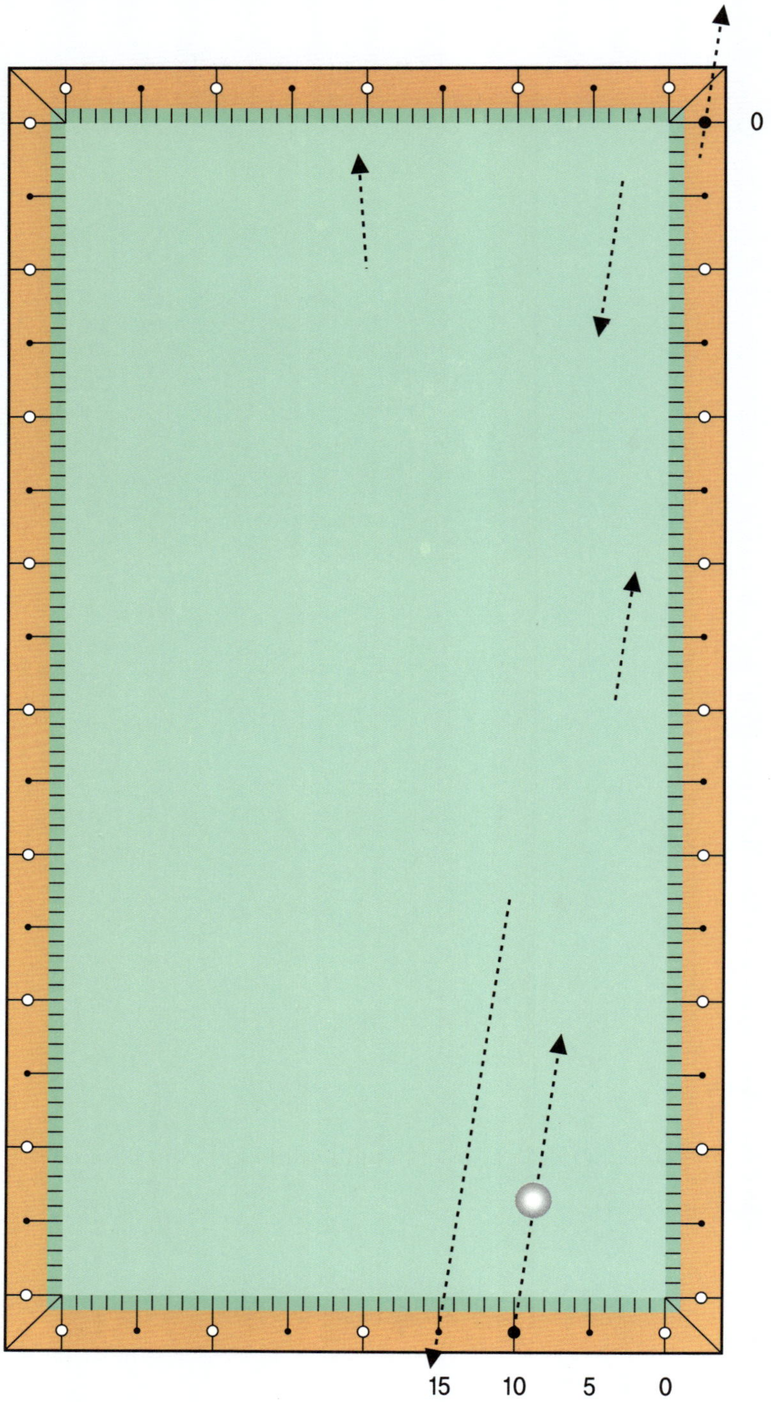

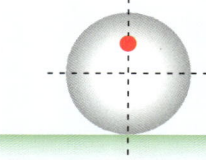

〈그림 308〉

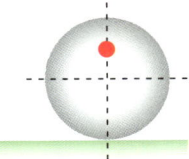

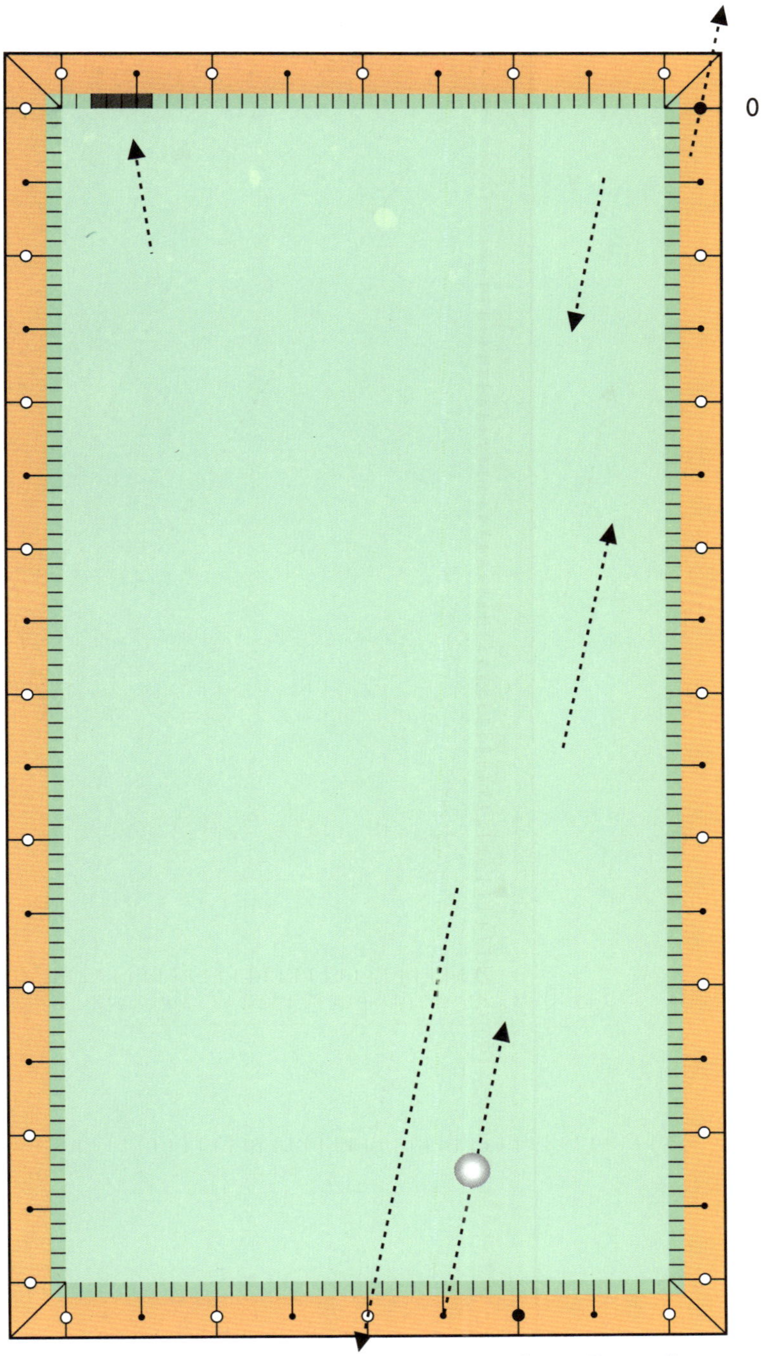

〈그림 309〉

THE LONG ANGLE

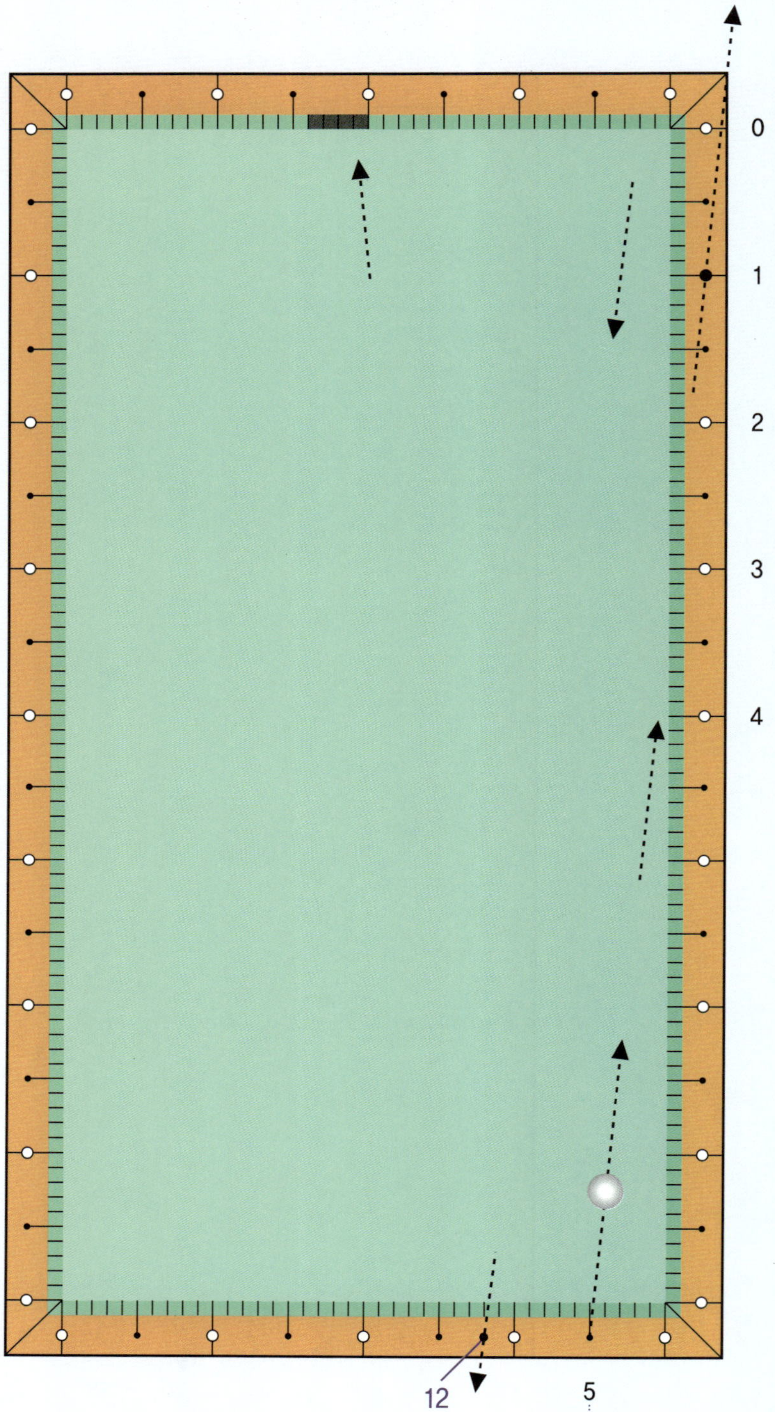

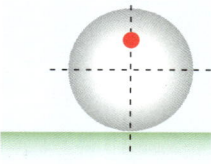

〈그림 310〉

12　　5
　　　2x

32　BILLIARD ATLAS 시스템과 테크닉에 관한 연구

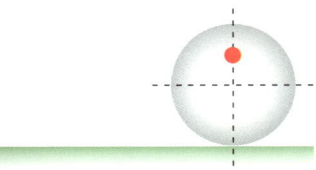

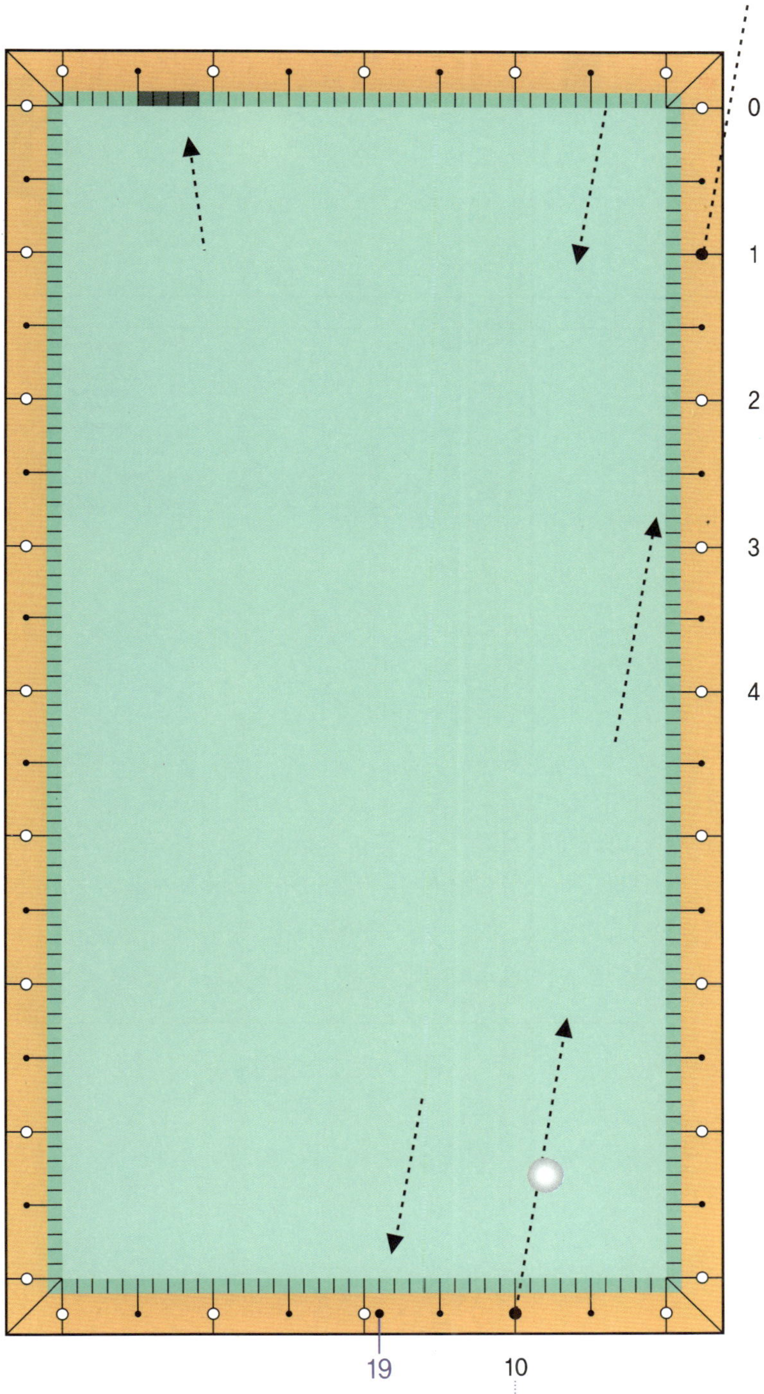

〈그림 311〉 19   10
             4x

THE LONG ANGLE 33

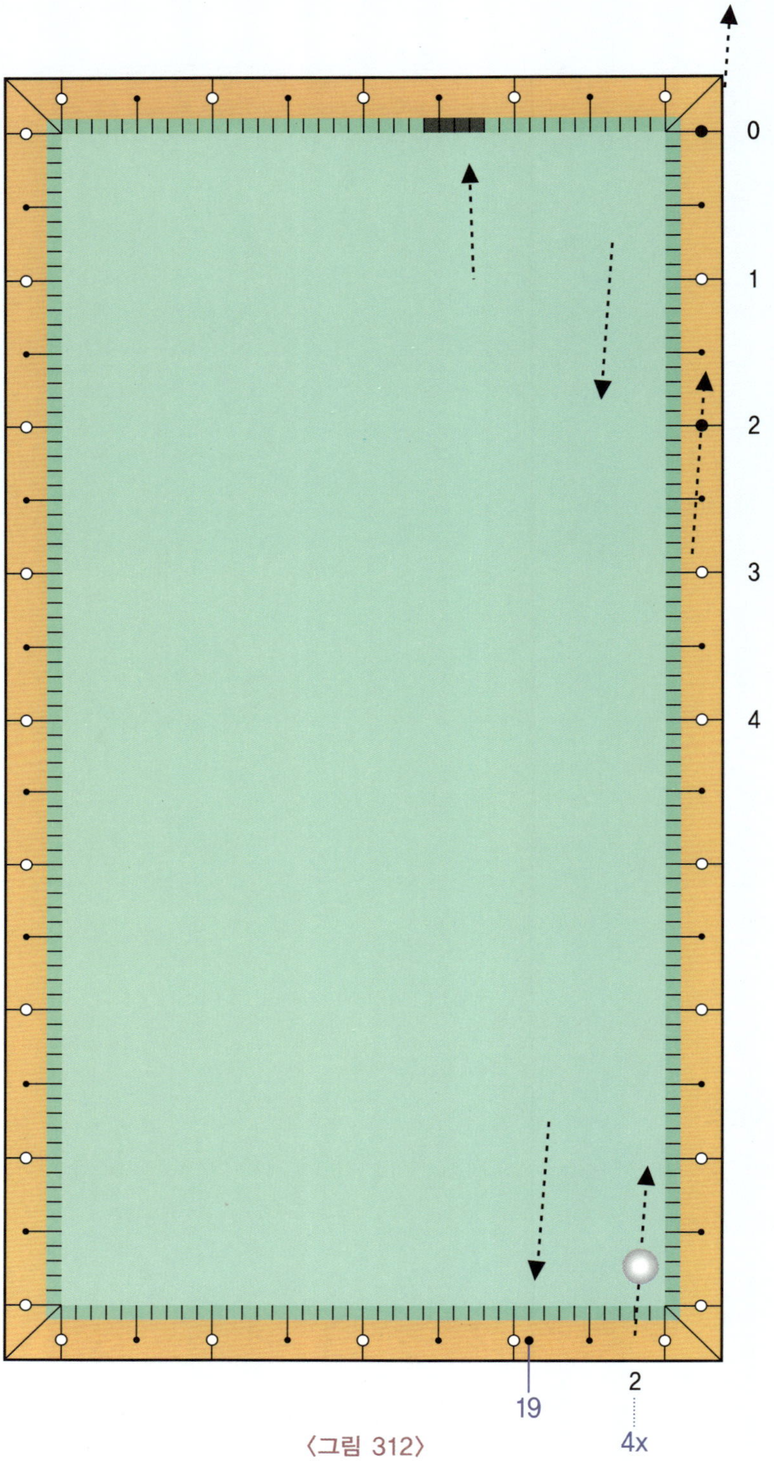

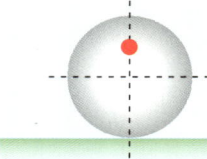

〈그림 312〉

34   **BILLIARD ATLAS** 시스템과 테크닉에 관한 연구

목표 지점을
명확히 정하는 것 하나만으로도
당신의 정확도는
몰라보게 향상될 것입니다.

플로리다 백업
Florida Back-Up

▶ 만일 절친한 라이벌과의 시합에서 이 샷을 성공시킨다면, 여러분의 상상력에 상대가 박수를 보낼 것이다. 이 시스템은 특히 1적구와 분리된 후 수구의 진로를 알 수 있다는 점에서 매우 편리하다.

▶ 〈그림 313〉은 이 시스템이 적용되는 유형을 그리고 있으며, 각 쿠션에 숫자가 부여되어 있다. 특히 P쿠션의 숫자에 주의하라. 수구 수와 1쿠션 수가 동일할 경우 수구는 코너X를 향해 돌아온다.

▶ 〈그림 314〉에서는 득점으로 연결시키기 위한 4쿠션 지점과 조정값(동그라미 안의 숫자)에 대해 설명하고 있다. 수구는 단축에서 시작하여 장축-단축(3쿠션 지점)을 거쳐 4쿠션 지점으로 향한다.

▶ 수구 수가 10일 때 조정값은 4가 된다. 만일 4쿠션 지점을 2포인트로 보내고 싶다면 4(조정값)를 곱하라. 즉 4×2=8이 된다. 고로 기준선 10(수구 수)-10(1쿠션 수)에서 1쿠션 지점이 8만큼 조정되고, 1쿠션 겨냥점은 2로 변경된다.

▶ 〈그림 315〉에서 4쿠션 지점은 4포인트이고, 수구 수는 20, 조정값은 3이다. 수구 수 20 - 1쿠션 수 20일 경우 수구는 코너X로 향한다. 그러나 우리는 4쿠션 지점 4포인트로 수구를 보내고자 하므로 3(조정값)×4(4쿠션 지점)=12가 된다. 고로 20-20선에서 1쿠션 지점은 12만큼 조정되고, 새로운 1쿠션 겨냥점은 8이 된다.

▶ 〈그림 316〉에서 4쿠션 지점은 8이고 수구 수는 40, 조정값은 1이다. 수구 수 40 - 1쿠션 수 40일 경우 수구는 코너X로 향한다. 그러나 4쿠션 지점 8포인트로 수구를 보내고자 하므로 8(4쿠션 지점)×1(조정값)=8이 된다. 고로 40-40선에서 1쿠션 지점은 8만큼 조정되고, 새로운 1쿠션 지점은 32가 된다.

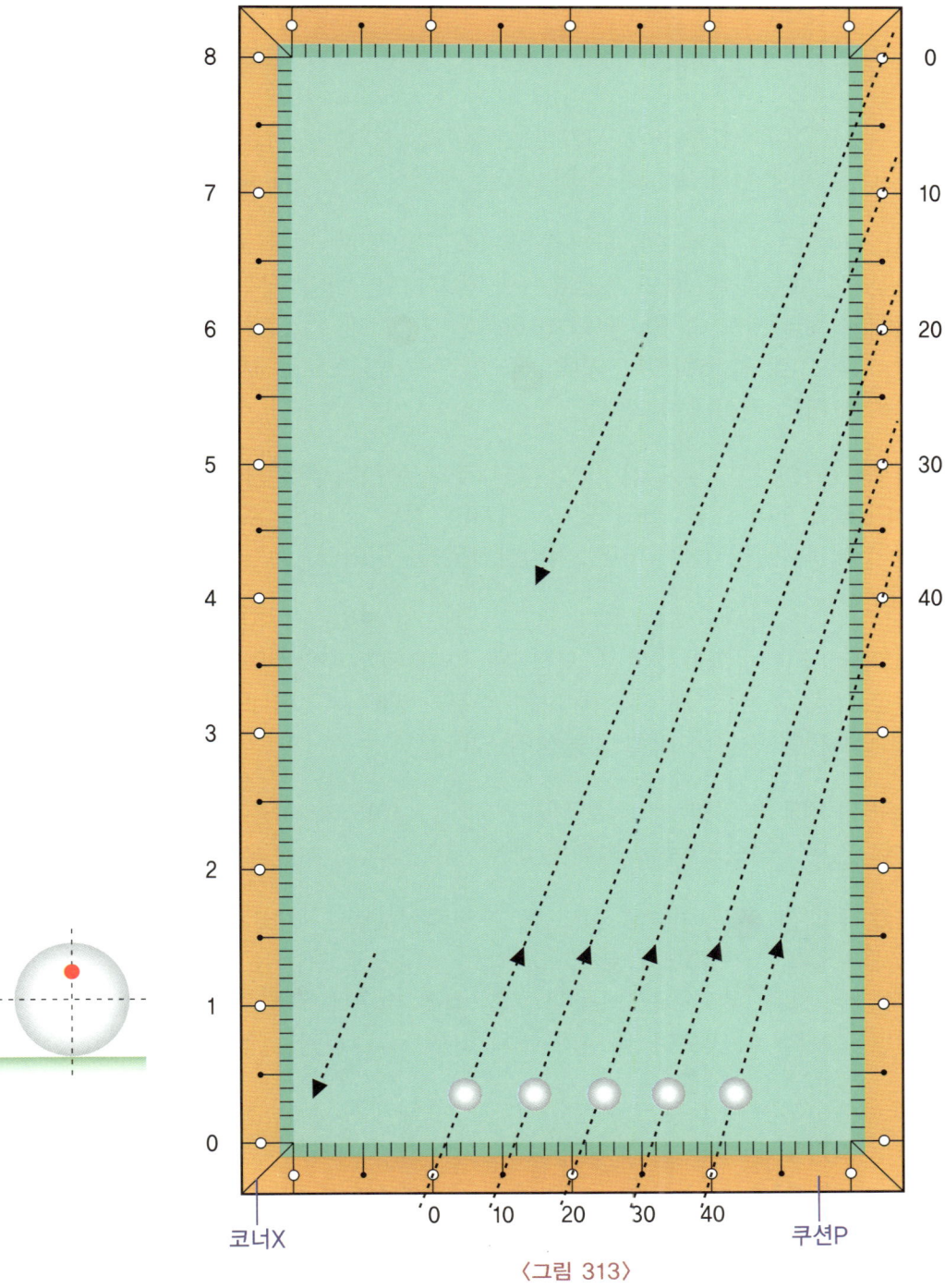

〈그림 313〉

THE LONG ANGLE

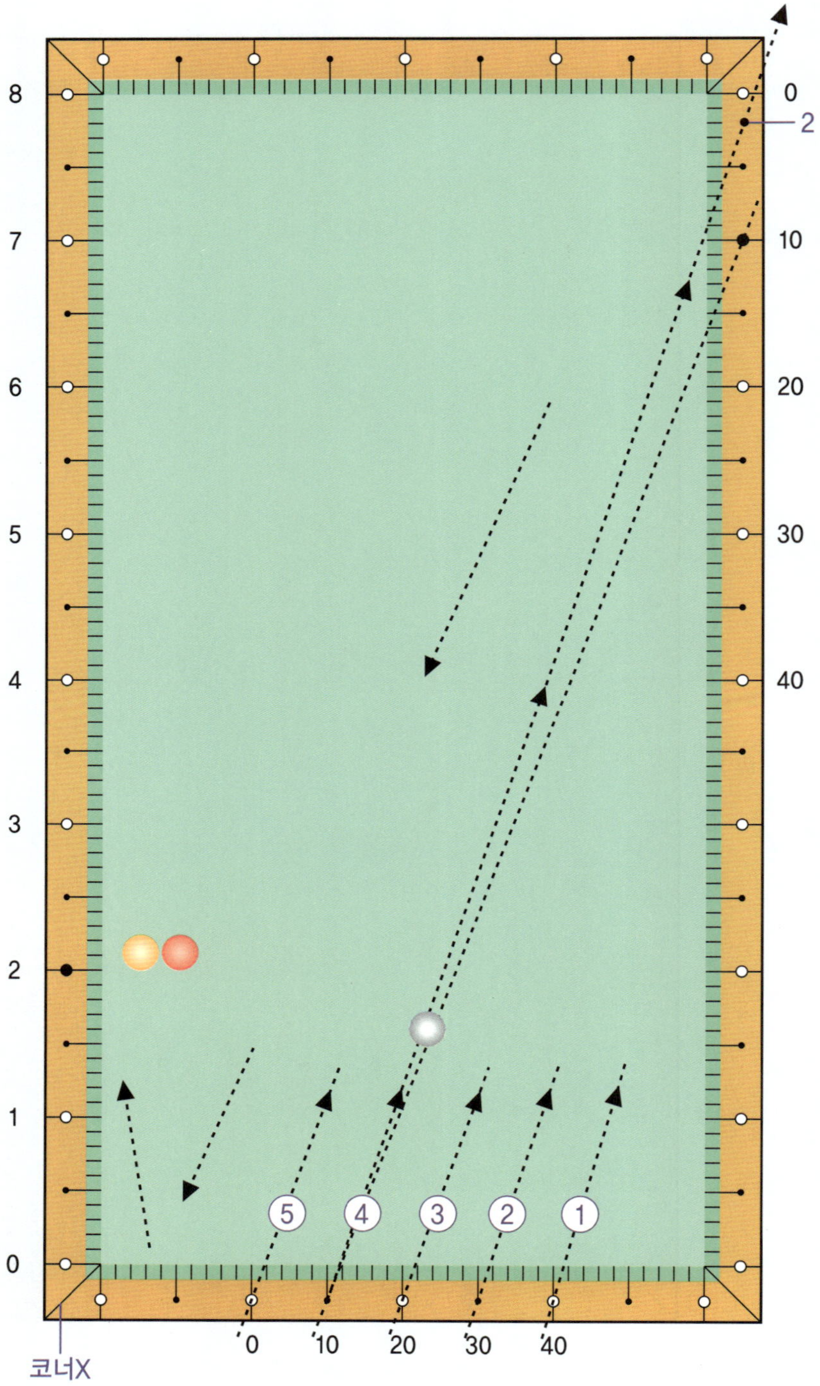

〈그림 314〉

38 **BILLIARD ATLAS** 시스템과 테크닉에 관한 연구

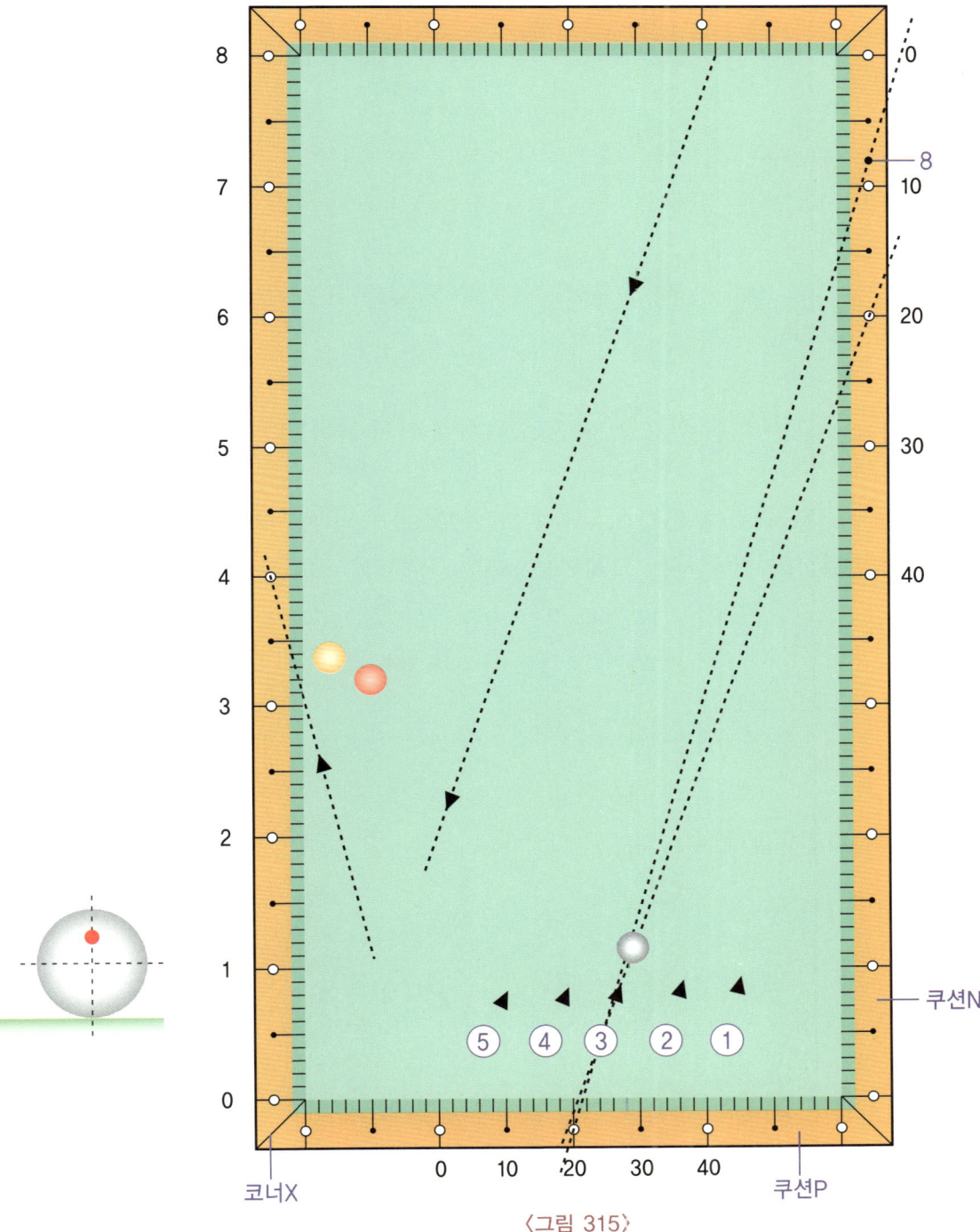

〈그림 315〉

THE LONG ANGLE

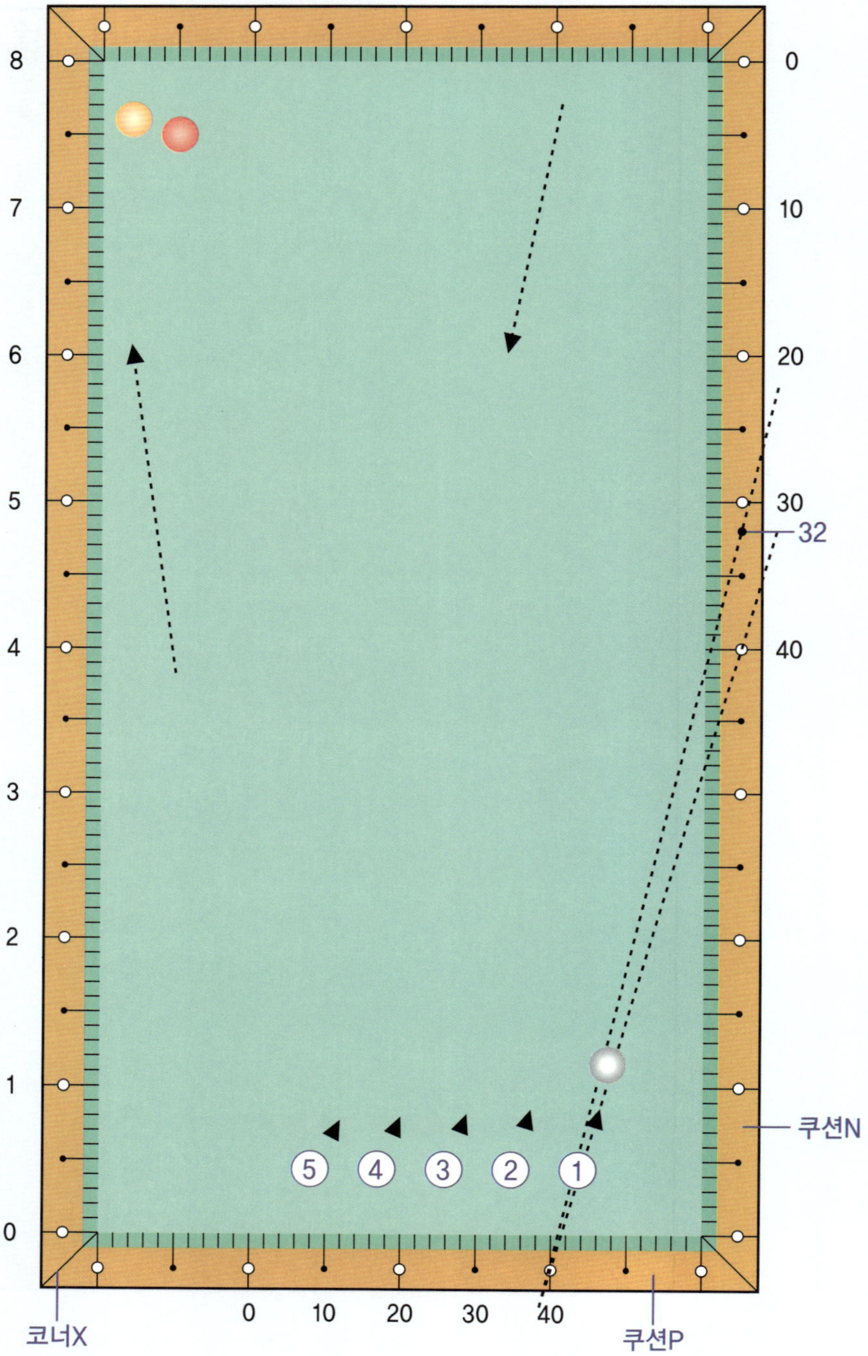

〈그림 316〉

40 BILLIARD ATLAS 시스템과 테크닉에 관한 연구

브리지의 길이는 수구를 목적 지점까지
보낼 수 있을 정도로만 조정하라.

❖❖❖

브리지가 길어질수록 에러가 날 확률이 높다.

❖❖❖

브리지는 단단히 고정하라.

시드 시스템의 응용
Sid's Cousin

▶ 만약 수구가 하단 단축 부근으로 내려와 있다면 『빌리어드 아틀라스 1권』 24쪽에서 소개한 시드 시스템을 사용하는 것이 가장 적합할 것이다.

▶ <그림 317>은 매우 감각적인 샷인데, 정확한 각을 알 수 있을까? '삼각법'을 배우면 시간을 절약할 수 있다. 이 시스템은 약간 복잡하지만, 당구란 원래 복잡한 스포츠이다.

▶ 그림을 보면 2쿠션 지점은 X정도가 될 것이다. X에서 장축과 평행하는 선을 상단 단축까지 긋자. 상단 단축과 만나는 지점은 B이다.

▶ 또한 수구의 중심에서 상단 단축으로 선을 긋고, 만나는 지점을 A라고 하자.

▶ 그리고 X와 A 사이를 가로지르는 선을 긋자.

▶ 마지막으로 수구의 중심과 B를 연결짓는 선을 긋자. 이 선과 X-A선과의 교차점을 찾아라. 그렇다면 문제는 끝난다.

▶ 교차점에서 상단 단축으로 선을 긋고, 단축과 만나는 지점을 Y라 한다. 이때 Y는 칼끝이 아닌, 포인트 옆에 위치한다. 이제 Y를 향해 수구를 겨냥하라.

▶ 수구는 데드볼 잉글리시(노잉글리시)로 부드럽게 굴려준다. 큐는 평행을 유지한 채 풀(full) 팔로-스루 스트로크를 적용하라.

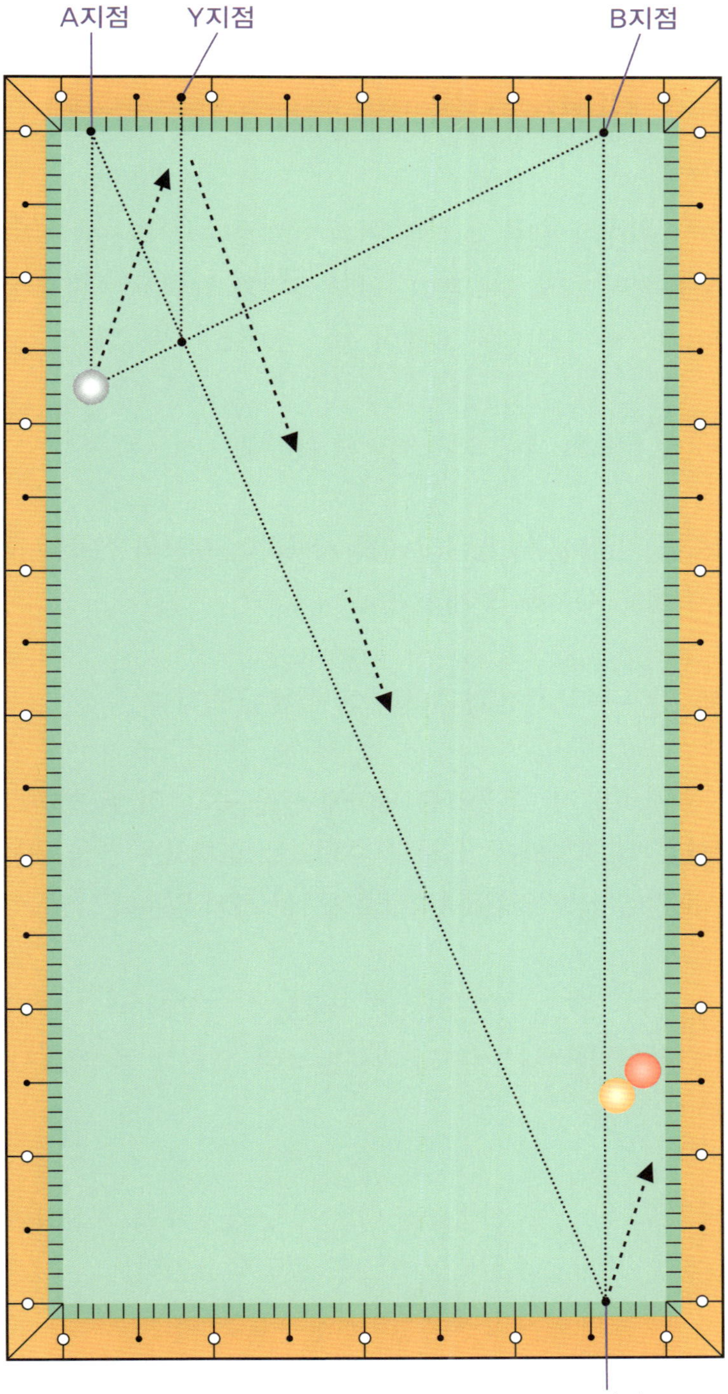

A지점　Y지점　　　　　　　　B지점

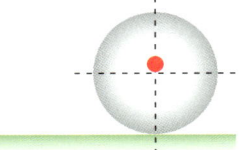

X지점

〈그림 317〉

THE LONG ANGLE 43

투쿠션 걸어치기
Bank Tickie

▶ 〈그림 318〉을 보면 수구와 적구 하나가 모두 쿠션에 붙어 있으므로 샷을 초이스하기가 매우 까다롭다. 만약 수구가 진행하는 선을 알고 있다면 투쿠션 걸어치기가 가장 성공 확률이 높은 초이스가 될 것이다.

▶ 수구의 진로를 그려 보기 위해서 삼각법이 사용되었다.

▶ 데드볼 잉글리시(노잉글리시)를 사용하여 수구의 진로를 측정해 봤을 때, 2쿠션 지점은 X가 될 것이다.

▶ X와 B, 수구의 중심과 A 사이에 선을 긋는다.

▶ 그 후엔 A와 X, 수구와 B 사이에 선을 긋자. 이 두 선이 교차하는 지점을 표시하고, 이 지점에서 단축과 수직으로 교차하는 선을 긋는다(교차점 : Y). Y는 포인트 옆에 위치하지, 칼끝에 위치하지 않는다.

▶ 바로 Y가 데드볼 잉글리시를 적용했을 경우에 수구의 겨냥점이 된다. 큐는 평행을 유지한 채, 수구의 속도는 4로, 그리고 풀 팔로-스루 스트로크를 적용한다.

▶ 여러분이 이 샷을 선택했을 경우, 수구의 진로를 계산하는 데는 15초도 걸리지 않을 것이다. 숙달되면 10초도 걸리지 않는다.

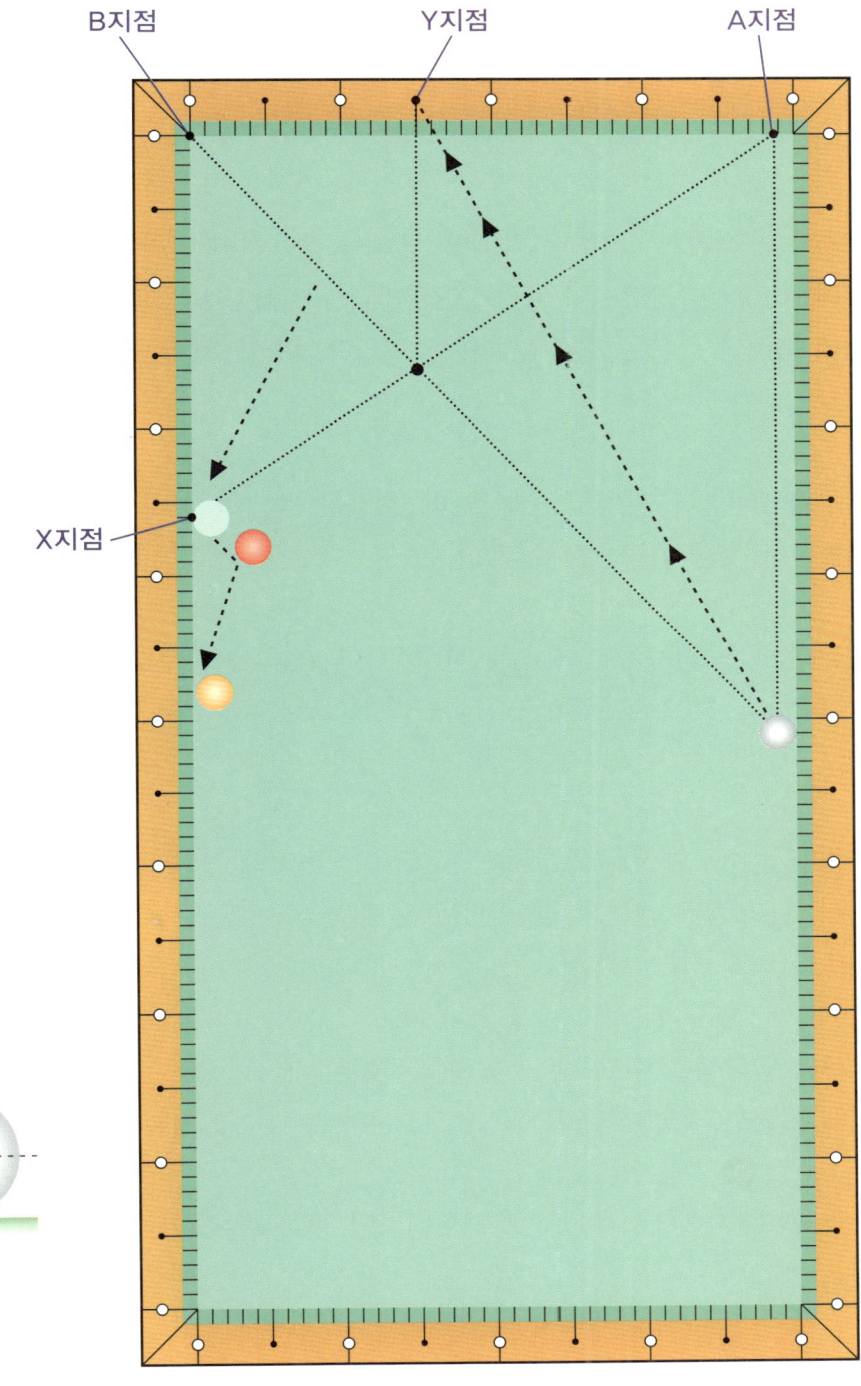

〈그림 318〉

THE LONG ANGLE 45

Billiard ATLAS

Billiard ATLAS Chapter 2

더블쿠션
Across The Table

모든 샷들 중에 가장 난이도가 높은 샷이 바로 더블쿠션일 것이다. 정상급 선수들은 더블쿠션을 항상 정확하게 구사한다.
이 장에서는 더블쿠션에 대한 방대한 정보를 제공하고 있으므로, 이제 여러분은 침착하게 더블쿠션 샷을 구사할 수 있을 것이다.
더블쿠션의 기본(Basic Across)에서는 선을 파악하는 데 중점을 두었고, 이는 수구가 장축을 2번 횡단하는 샷에도 그대로 적용된다.
3단 더블쿠션(Dive Back)은 필자가 가장 좋아하는 테크닉으로, 정상급 선수들은 이 샷을 거의 놓치지 않는다.
변화폭 2.8(Spread 2.8), 변화폭 1.4(Spread 1.4)는 당구 선수라면 필수적으로 갖추어야 할 무기이다. 너무나도 많은 배열의 공에 이 시스템을 적용할 수 있다.
맥심 더블쿠션(Max Across), 삼각법(Triangulation), 동일각(Equal Angle) 시스템 모두 중요한 내용으로써, 초이스 목록에 반드시 넣어두어야 한다.

- 더블쿠션의 기본
- 변화폭 2.8
- 맥심 더블쿠션
- 삼각법을 이용한 더블쿠션
- 동일각
- 3단 더블쿠션
- 변화폭 1.4
- 맥심 더블쿠션의 변형
- 평행이동법을 이용한 더블쿠션
- 와우샷의 응용

더블쿠션의 기본
Easy Across

▶ 이 일급 시스템은 장축-장축-단축으로 이동하는 더블쿠션 샷에 관해 다루고 있다. 여기에 적용되는 시스템은 기존의 시스템과 다르다는 점을 명심하라.

▶ 대개 2쿠션 지점을 파악하지 못하여 더블쿠션의 진로를 완벽히 그려내지 못한다. 여기서는 2쿠션 지점과 더불어 수구의 면이 세 번째 쿠션과 닿는 지점까지 상세히 설명해 줄 것이다.

▶ 수구가 첫 번째 쿠션(M쿠션)과 부딪히는 지점을 측정하라. 이제 수구가 M쿠션과 부딪히는 지점에 멈춰 있다고 상상해 보자. 큐가 가상의 수구 중심을 통과하게끔 놓고 가상의 수구 수(M쿠션)를 찾아라. 그 후 2쿠션 지점을 찾기 위해 시드 시스템(『빌리어드 아틀라스 1권』 24쪽)을 적용하라.

▶ 가능하다면 수구가 2쿠션에 부딪힐 때 옆회전이 조금 살아있게 하라. 수구의 당점은 원팁 하단에 옆회전을 조금 두고, 수구 속도는 중간으로 큐의 뒤를 살짝 들어 준다.

▶ 〈그림 319〉에서 3쿠션 지점(칼끝)은 2.0이다. 수구 수는 D이고, 0.5포인트×4만큼 코너X에서 떨어져 있다. 0.5포인트마다 2씩 곱해 주어야 하므로 4×2=8, 즉 2쿠션 지점은 8이 된다.

▶ 〈그림 320〉에서 3쿠션 지점(칼끝)은 3.0이다. 수구 수는 D이고, 0.5포인트×4만큼 코너X에서 떨어져 있다. 고로 4×3=12, 2쿠션 지점은 12가 된다.

▶ 〈그림 321〉에서 수구는 장축을 두 번 횡단한다. 3쿠션 지점을 5.5에 두라. 수구 수 D는 0.5포인트×4만큼 코너X에서 떨어져 있다. 0.5포인트마다 5.5씩 곱해주어야 하므로 4×5.5=22, 즉 2쿠션 지점은 22가 된다.

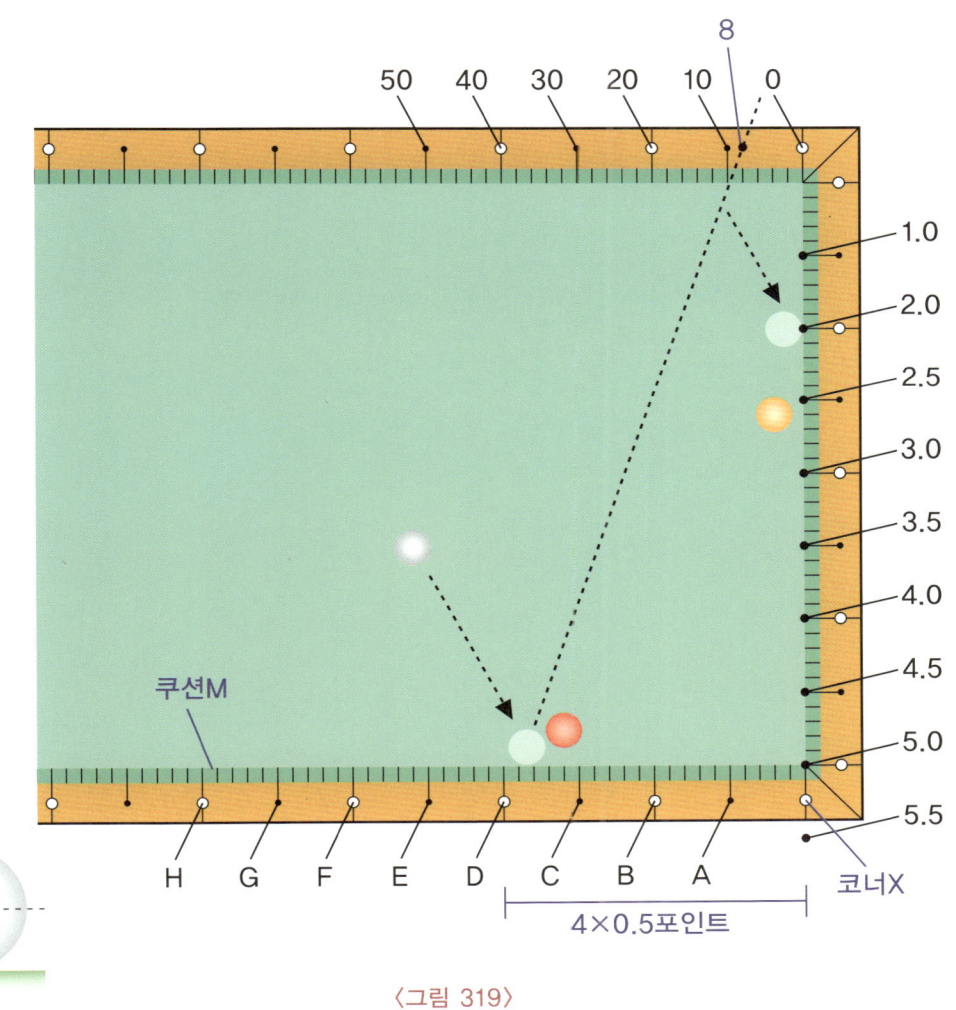

〈그림 319〉

ACROSS THE TABLE

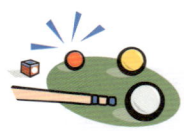

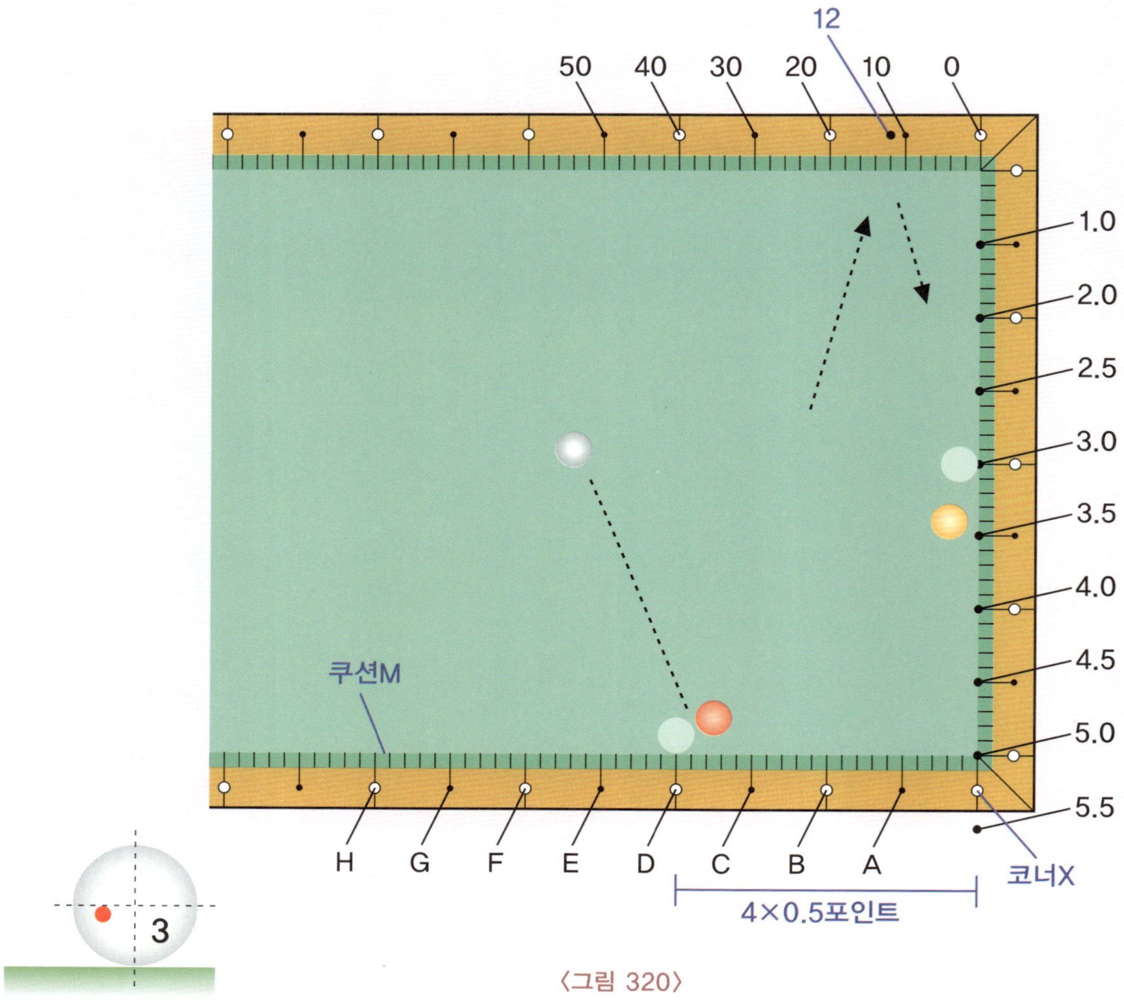
12
50
40
30
20
10
0
1.0
2.0
2.5
3.0
3.5
4.0
4.5
5.0
5.5
쿠션M
H
G
F
E
D
C
B
A
코너X
4×0.5포인트
3

〈그림 320〉

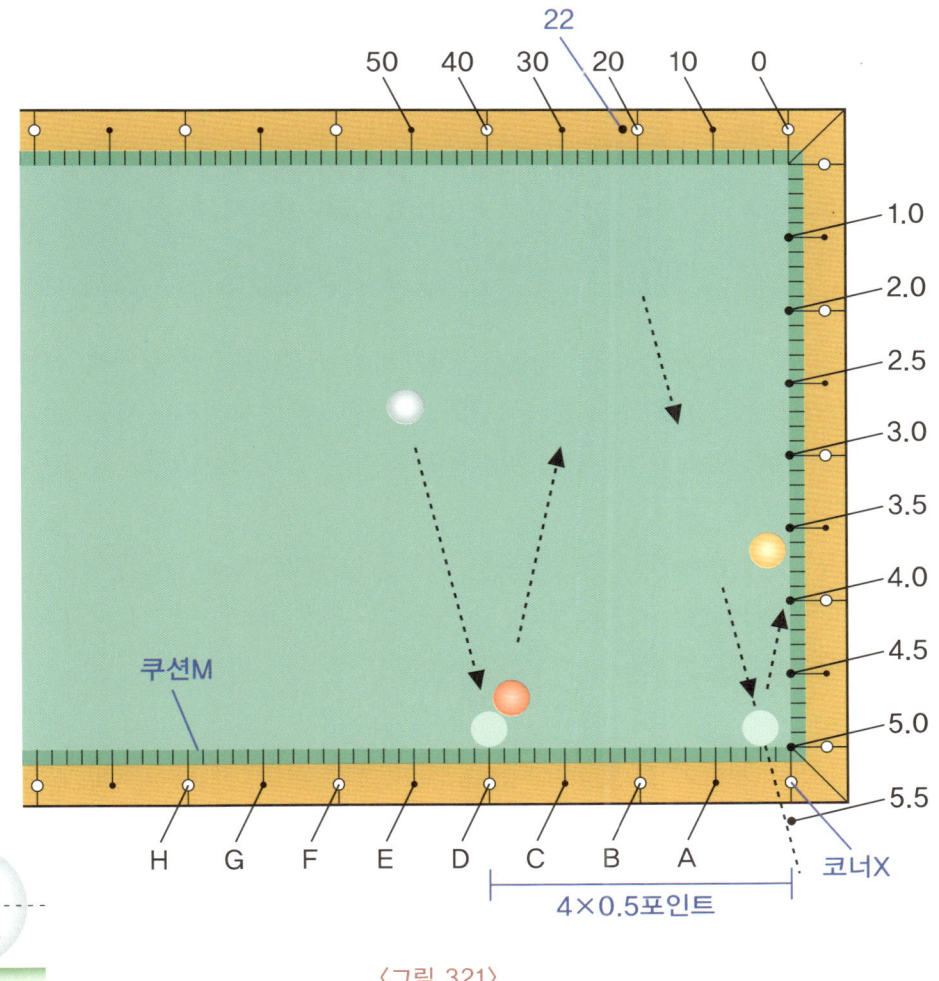

〈그림 321〉

ACROSS THE TABLE

3단 더블쿠션
Dive Back

▶ 이 테크닉은 선수들에게 활력을 북돋아 줄 것이다. 가장 만족스러운 샷 중 하나인데, 실제보다 어려워 보이기 때문이다. 이 테크닉을 습득하면 앞 페이지에서 소개한 장축 2횡단 더블쿠션 샷도 쉽게 구사할 수 있다.

▶ 이 테크닉은 리차드 비탈리스(Richard Bitalis) 선수의 강의에서 입수한 것이다.

▶ 〈그림 322〉에서는 3단 더블쿠션에 대해 소개하고 있다. 이 샷은 다분히 감각적인 샷으로, 수구를 1적구와 부딪힌 후 2쿠션째에서 뒤로 후퇴시킨 다음, 3쿠션째에서 다시 앞으로 전진시키는 것이 테크닉의 골자이다.

▶ 수구의 당점은 상단이고, 옆회전 당점은 상황에 따라 달라진다. 3단 더블쿠션은 절대적으로 자신감을 갖고 샷해야 한다. 왜냐하면 3쿠션째가 아닌 5쿠션째에 득점할 수도 있기 때문이다.

▶ 여러분이 생각하는 것보다 더 많은 배열의 공을 이 테크닉을 사용하여 성공시킬 수 있다.

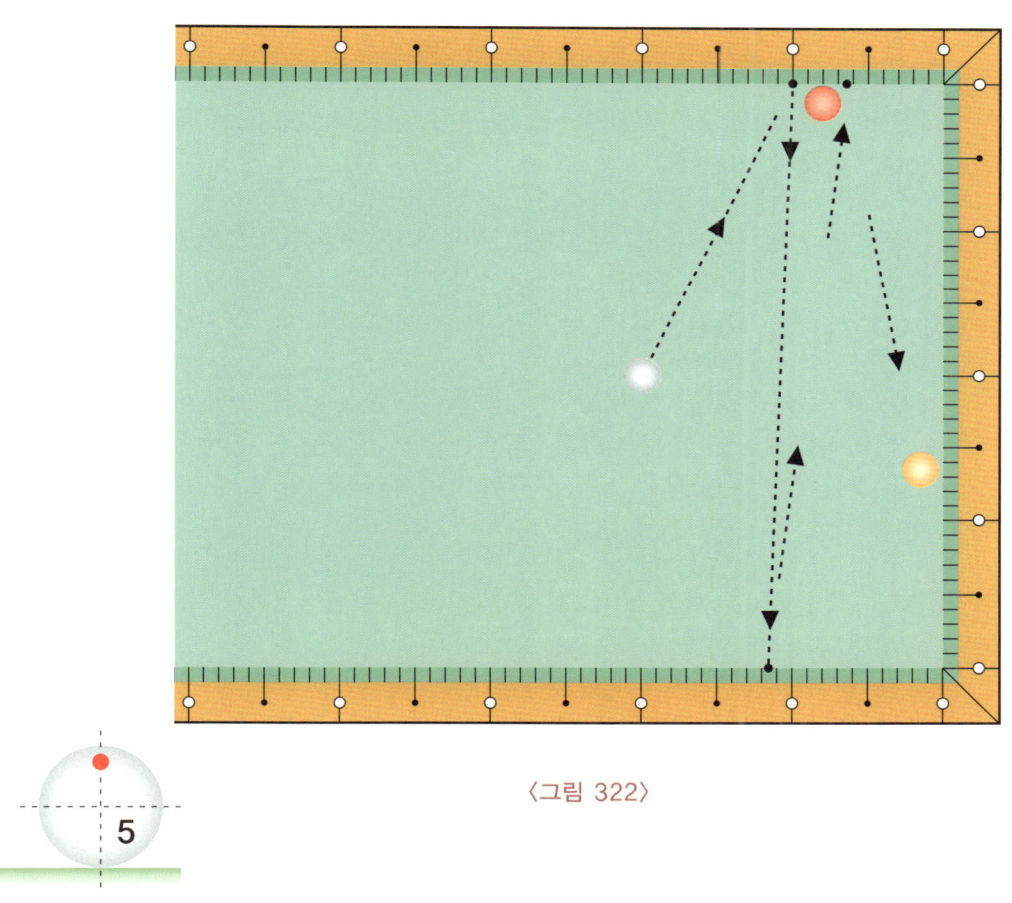

〈그림 322〉

5

풀 팔로-스루 스트로크

변화폭 2.8
Spread 2.8

▶ 〈그림 323〉에서 수구의 시발점은 A이고, 1쿠션 겨냥점은 B이다. 당점을 4:30 방향에 두고 일정한 스트로크를 사용하면 수구는 다시 A로 돌아온다.

▶ 이 스트로크는 포켓볼에서 스톱샷-1적구와 임팩트 후 수구가 1적구 앞에 바로 설 때-을 할 때의 스트로크와 유사하다. 하단 당점이 사용되지만 끌어치는 샷은 아니다. 이 샷의 변화폭은 2.8인데, 1.4포인트 전진했다가 다시 1.4포인트 후퇴하였다. 만일 풀 팔로-스루 스트로크를 적용할 경우 변화폭은 더욱 커질 것이다.

▶ 이 테크닉의 경우 수구가 살짝 뜬 채로 진행하며, 2쿠션에 도달했을 때 수구의 옆회전이 조금 살아 있다. 하지만 각은 그대로 유지하게 된다. 한번 이 샷에 대한 감각을 익히면 기억하기 쉬울 것이다.

▶ 〈그림 324〉에서는 더블쿠션 샷을 소개하고 있다. 수구는 1적구와 부딪힌 후 뒤로 진행하다가 2쿠션 지점X를 향해 다시 전진한다. 만약 너무 깊은 팔로-스루 스트로크를 사용한다면 수구가 X에 부딪힐 때 과도한 역회전에 가해져 진행 방향이 바뀔 가능성이 있다.

▶ 수구가 X에 부딪힐 때 옆회전이 약간만 살아있게 하는 것이 이상적이다. 그럴 경우 2적구의 득점 범위는 매우 넓어진다.

▶ 이를 위해선 큐 뒷부분을 살짝 들고 빠른 '포워드-리버스 스트로크'[1]를 적용해야 한다. 1적구에서 분리되어 상단 단축으로 향하는 각은 다양하게 조정할 수 있다. 위의 테크닉을 적용할 경우 수구에 작용하는 역회전을 어느 정도 억제할 수 있으며, 수구가 마치 떠 있는 것처럼 보일 것이다.

▶ 〈그림 324〉는 스트로크와 분리각에 익숙해지기 위한 최상의 연습 자료가 될 것이다.

---

1 포워드-리버스 스트로크(Forward-reverse stroke) : 잡아치기(큐를 전진시켰다 뒤로 뺌)

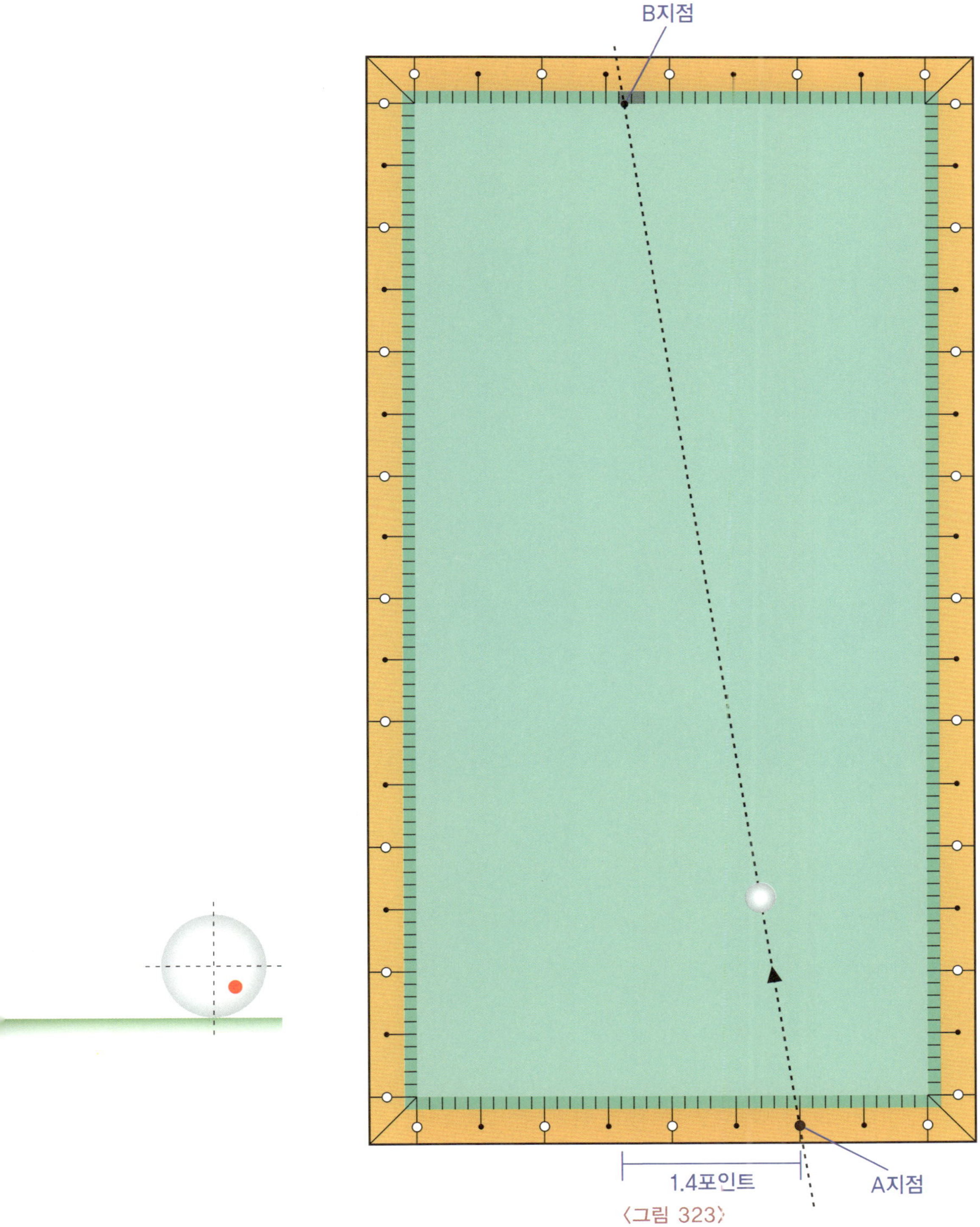

B지점

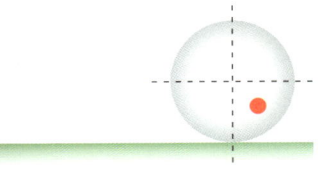

1.4포인트
〈그림 323〉
A지점

ACROSS THE TABLE

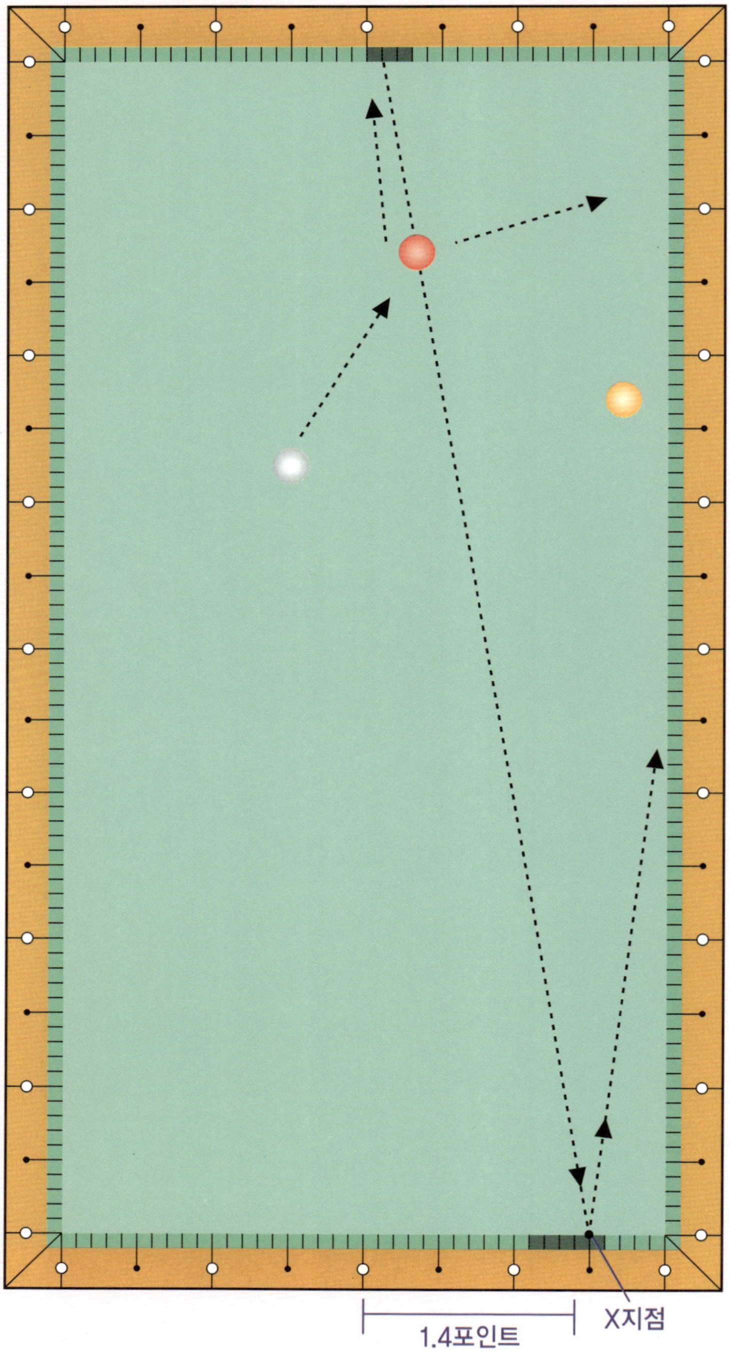

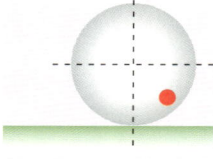

1.4포인트　　X지점

〈그림 324〉

초구를 샷할 때
당점을 중상단 1팁(옆회전 X)에 두고
5인치(12.5cm) 정도의 팔로-스루 스트로크를
적용하여 수구를 굴려 보라.

변화폭 1.4
Spread 1.4

- 일반 동호인들은 다음과 같은 샷을 시도조차 하지 못하는 경우가 대부분일 것이다. 왜냐하면 수구가 어떻게 진행할 것인지 모르기 때문이다. 지금부터 소개할 샷은 이미 소개된 내용을 살짝 변형시킨 것으로, 좁은 구역에서 사용된다는 점이 특징이다.

- 수구가 단축에서 단축 사이를 횡단할 때 변화폭은 2.8이 된다고 이미 언급한 바 있다. 하지만 장축과 장축 사이의 좁은 구역에서는 변화폭이 1.4로 줄어든다.

- 빠른 포워드-리버스 스트로크가 적용되는데, 2쿠션 지점에서 수구의 회전을 최소화하기 위해서이다. 1쿠션으로의 입사각이 이를 결정할 것이다.

- 〈그림 325〉에서 수구는 X에서 Y로, 다시 X로 진행한다.

- 총 변화폭은 1.4이다. 수구의 진로는 0.7 포인트 전진, 0.7포인트 후진이 된다.

- 〈그림 326〉에서 수구는 1적구와 분리된 후 A를 향해 후진한다. 점선은 수구가 후진할 때의 각도와 이후 진로를 나타낸다. A와 B의 각은 0.7포인트(혹은 0.5포인트)이고, 총 변화폭은 1.4가 된다.

- 〈그림 327〉에서는 여러분이 천 번도 넘게 접했을 공에 대한 계산법을 소개하고 있다. 이제 여러분은 수구가 진행하는 선을 알고 있으므로, 훨씬 수월하게 득점할 수 있을 것이다. 스트로크와 당점을 항상 일정하게 유지하라.

- 총 변화폭이 1.4임을 알고 있으므로 위의 사항은 쉽게 암기할 수 있을 것이다. 만일 1적구가 쿠션과 붙어 있다면, 1적구와 1쿠션의 분리각에 대해 보다 주의해야 할 것이다.

- 스트로크와 당점에 대해 확실히 짚고 넘어갈 수 있도록 54쪽의 내용을 다시 확인하라.

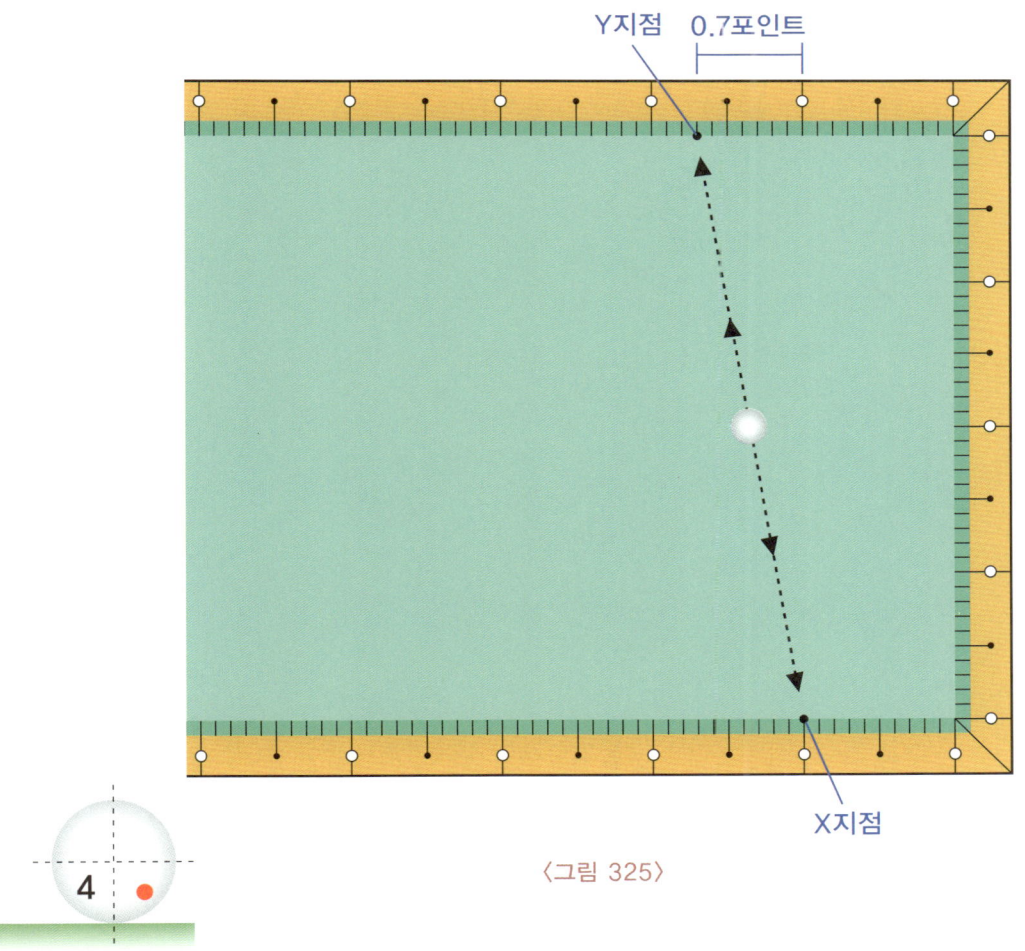

〈그림 325〉

빠른 포워드-리버스 스트로크,
큐 뒷부분을 살짝 들어 준다.

ACROSS THE TABLE

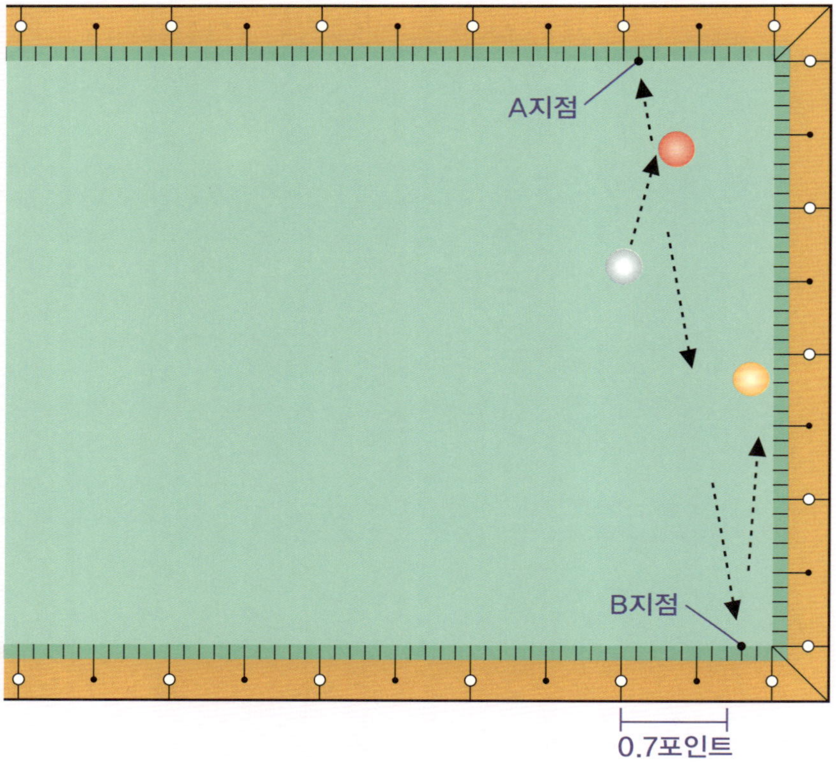

A지점

B지점

0.7포인트

〈그림 326〉

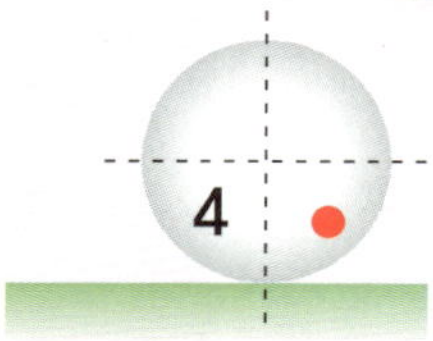

④ 빠른 포워드-리버스 스트로크,
큐 뒷부분을 살짝 들어 준다.

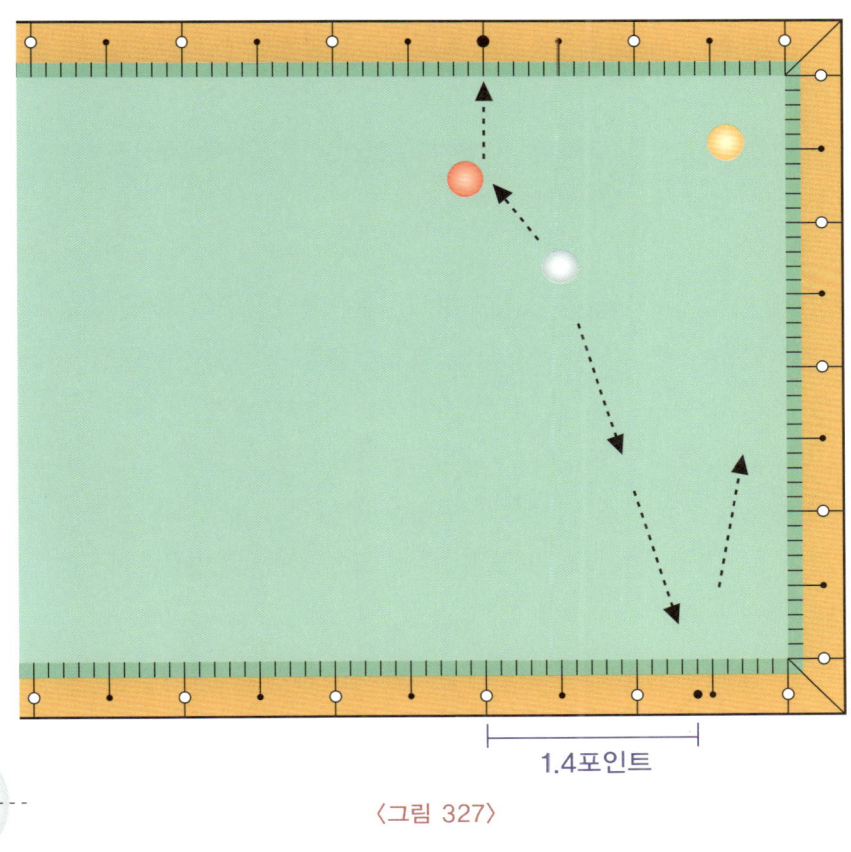

1.4포인트

〈그림 327〉

ACROSS THE TABLE

맥심 더블쿠션
Max Across

▶ 〈그림 328〉에서 나타나듯 맥시멈 당점을 적용하면 변화폭은 2포인트가 되는데, 이미 『빌리어드 아틀라스 2권』에서 소개한 바 있다. 물론 장비의 상태에 따라 변화폭은 조금씩 차이를 보인다. 여러분의 당구대에서는 1.8이나 1.9가 될 수도 있다.

▶ 수구가 2쿠션에 부딪히고 나올 때 회전은 상당히 살아 있으며, 그래야만 더블쿠션 샷을 성공시킬 수 있다.

▶ 예상되는 2쿠션 지점을 X라고 하자. 수구가 1적구와 부딪히는 위치에 멈춰 있다고 가정하고, 수구의 중심을 통과하면서 X에서 2포인트 떨어진 지점을 찾을 때까지 큐의 위치를 조정하라. 이것이 제1쿠션 지점이 된다.

▶ 그림에서 수구와 적구의 배치는 매우 이상적이다. 만약 수구의 가상선이 X에서 2.5포인트 떨어져 있다면 1쿠션 지점을 0.25포인트 조정하여 0.75포인트가 되게 하라.

▶ 수구에 옆당점을 주고, 큐의 평행을 유지한 채 풀 팔로-스루 스트로크하라. 샷에 조금도 망설이지 말라. 스트로크는 반드시 매끄러워야 한다.

▶ 만약 단축 사이에서 이 샷을 시도한다면 변화폭은 4가 될 것이고, 마찬가지로 풀 팔로-스루 스트로크를 사용해야 한다.

▶ 여러분의 당구대에서 시험해 보라.

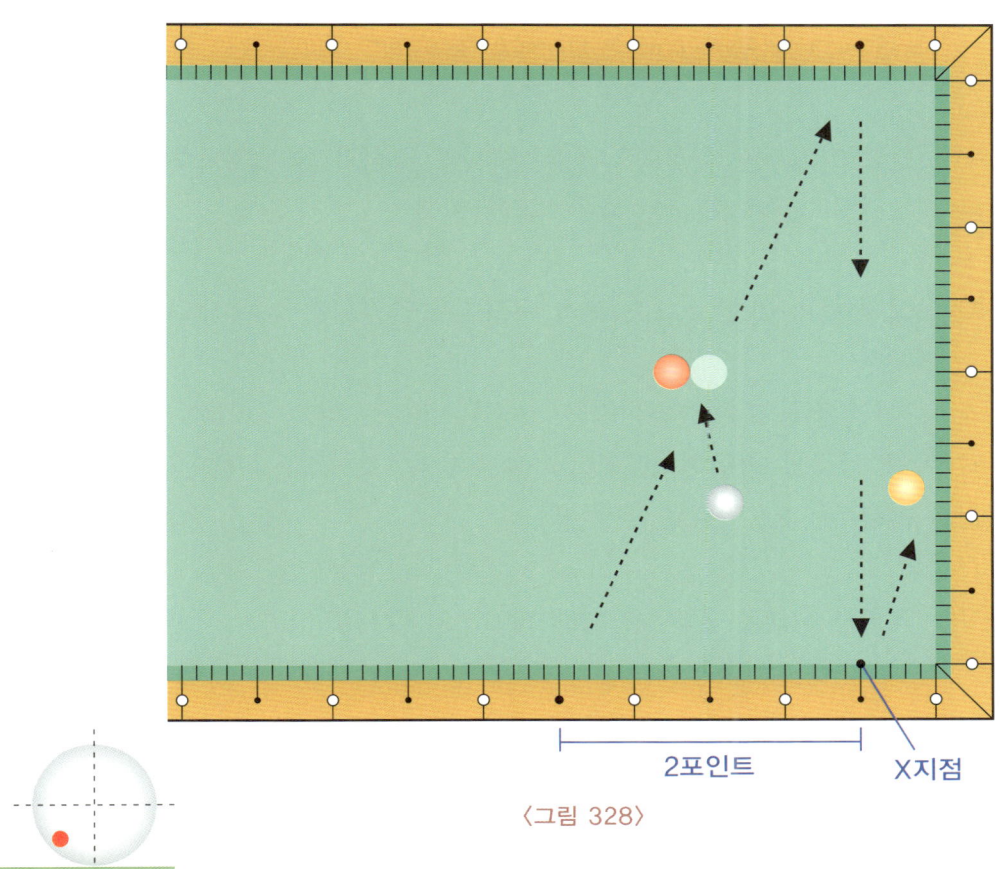

〈그림 328〉

맥심 더블쿠션의 변형
Max's Kin

▶ 이 샷은 62쪽의 내용과 관련이 있다. 비록 더블쿠션 샷은 아니지만, 같은 원리가 적용된다.

▶ <그림 329>는 득점하기가 매우 까다로워 보인다.

▶ A-B-C로 이어지는 삼각형의 선은 맥시멈 당점과 풀 팔로-스루 스트로크를 적용했을 경우 나타나는 수구의 진로이다.

▶ 하지만 이 선을 따라 보낸다고 해서 득점으로 연결시킬 수는 없다.

▶ 만약 1쿠션 지점을 X로 변경한다면, 수구의 진로는 바뀔 것이다. 이 트랙을 따라 가면 삼각형 라인이 변형되어 수구는 A-X-C로 진행한다. 그리고 여전히 변화폭은 2포인트로 유지된다.

▶ 수구는 역회전 상태로 2적구를 향해 미끄러져 갈 것이다.

※ 이 샷은 잽 스트로크(jab stroke, 끊어치기)도 적용해 볼 수 있는데, 당점은 하단만 주어야 한다. 수구는 데드볼 잉글리시 상태로 진행할 것이다.

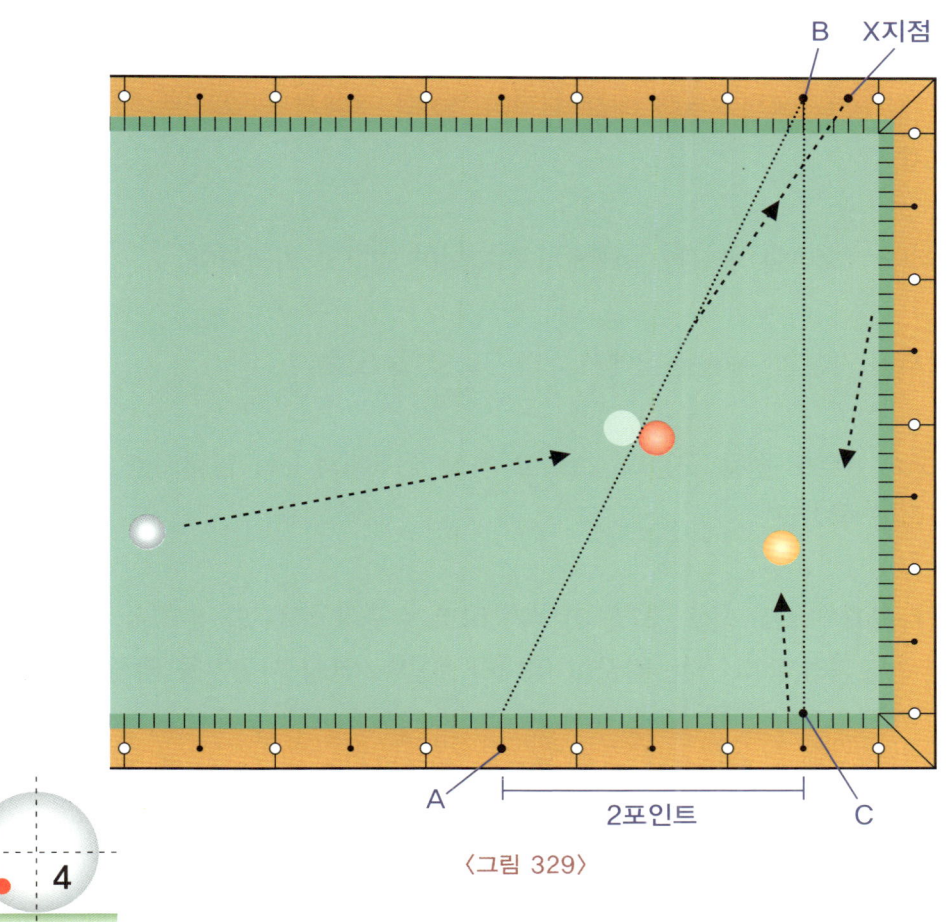

〈그림 329〉

삼각법을 이용한 더블쿠션
Tirangulate Across

▶ 더블쿠션 샷을 풀어내는 또 다른 방법으로 삼각법 시스템이 있다. 비록 오래된 시스템이지만 효과가 만만치 않다.

▶ <그림 330>에서 2쿠션 예상 지점이 X이다. X에서 B(칼끝)로 가상의 선을 긋자.

▶ 수구는 1적구와 부딪힌 상태에서 정지되어 있다고 가정한다.

▶ 정지된 가상의 수구 중심에서 A와 B로 선을 긋는다.

▶ X에서 A로도 선을 긋는다. 그리고 가상 수구에서 B와 연결되는 선과의 교차점을 찾아라.

▶ 교차점에서 Y로 선을 긋자. 이 Y가 바로 수구가 1적구와 분리된 후 진행하는 겨냥점이 된다. Y는 칼끝이 아니라 포인트 옆의 지점임을 명심하라.

▶ 큐를 당구대와 평행하게 놓고 데드볼 잉글리시(노잉글리시)를 적용하여 풀 팔로-스루 스트로크로 부드럽게 샷하라.

▶ 삼각법을 잘 이용할 줄 아는 것이 중요하다. 처음에는 다소 시간이 걸리겠지만, 연습을 거듭할수록 나아질 것이다.

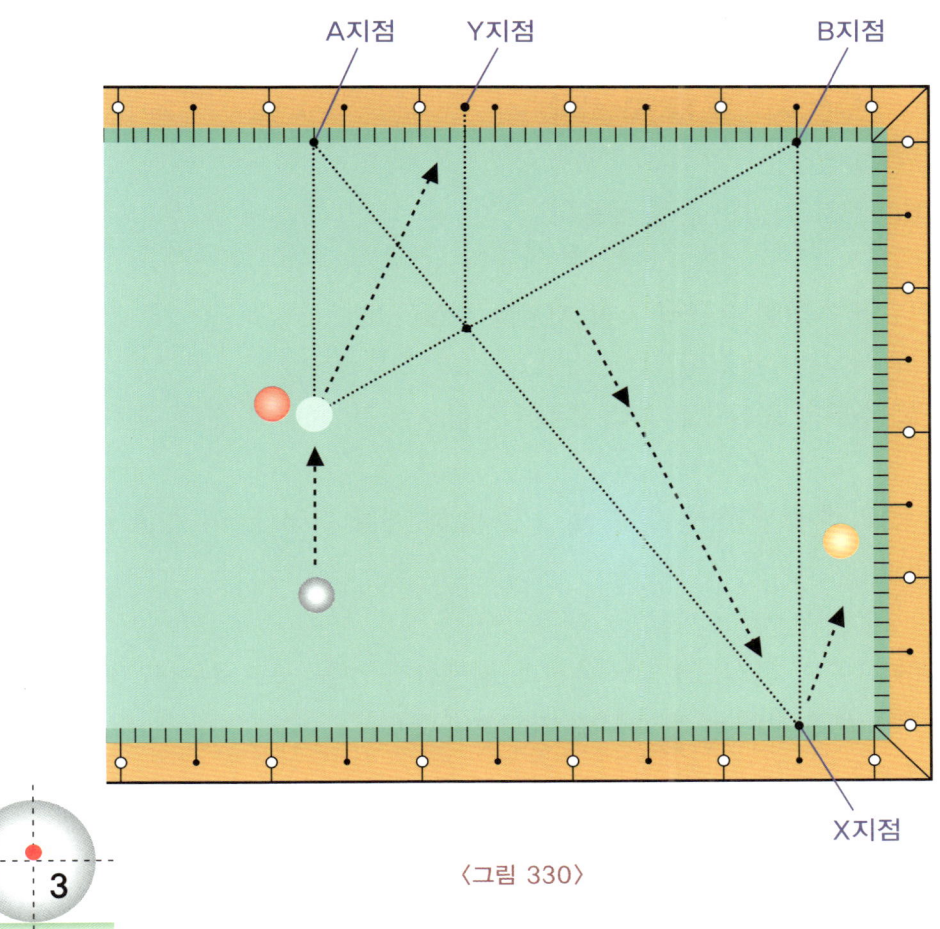

〈그림 330〉

ACROSS THE TABLE

평행이동법을 이용한 더블쿠션
Parallel Across

▶ 〈그림 331〉은 〈그림 330〉과 공의 배치가 동일하다. 하지만 이 페이지에서는 평행이동법을 이용해 1쿠션 지점을 찾아보겠다.

▶ 예상 2쿠션 지점을 X라고 하자.

▶ X에서 B로 가상의 선을 긋는다.

▶ 1적구와 부딪힐 수구의 가상 지점을 측정하라.

▶ 가상 수구의 중심으로 부터 2쿠션 지점 X로 또 하나의 선을 긋는다.

▶ 이 선의 중간 지점을 찾은 후, B를 향해 선을 그어라. 이 선을 A선이라고 한다.

▶ 가상 수구의 중심으로부터 A선과 평행하게 선을 긋고 1쿠션 지점을 찾아라. 이 선(B선)이 바로 수구의 겨냥선이 된다.

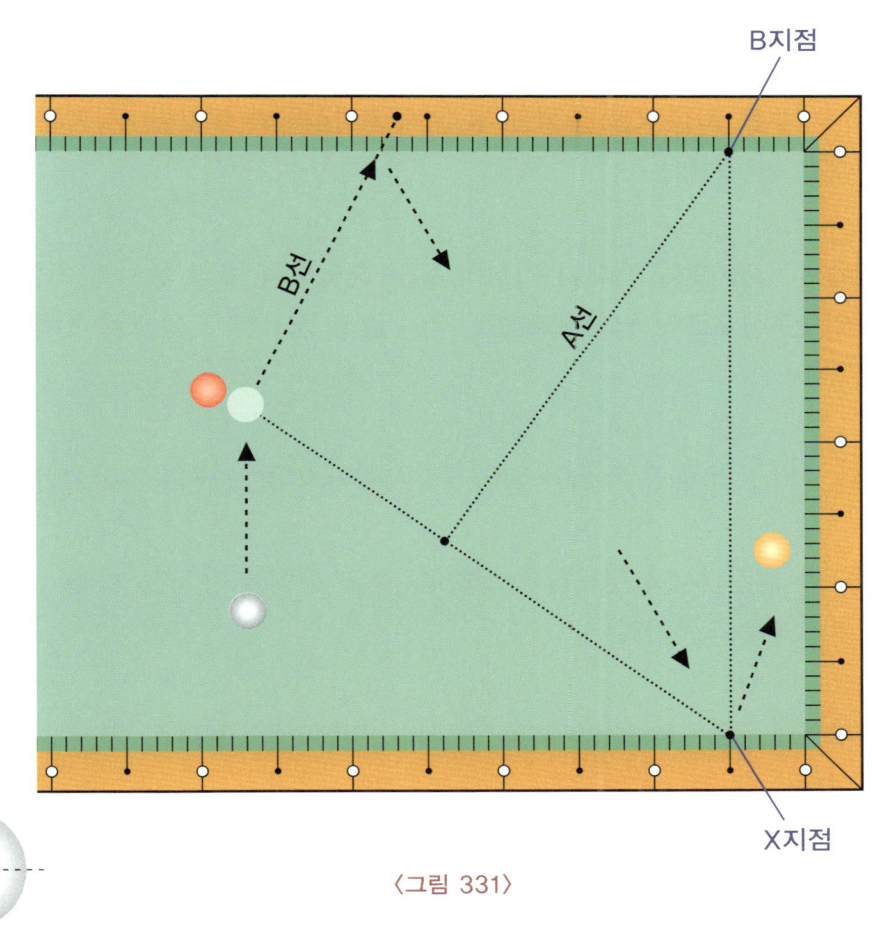

〈그림 331〉

동일각
Equal Angle

▶ 이 페이지에서는 또 다른 더블쿠션 샷을 소개하고 있다. 〈그림 332〉는 수구의 진로를 파악하는 방법에 대하여 설명하고 있다.

▶ 먼저 2쿠션 지점 X를 측정한 후, 수구가 1적구와 부딪힌 후 정지된 상태에 있다고 가정하라.

▶ 정확한 각을 찾을 때까지 가상의 수구 중심에서 큐의 위치를 조정하라. 수구의 1쿠션으로의 입사각과 반사각이 같고, 2쿠션 지점 X로 진행할 수 있게 하라.

▶ B는 A와 X의 중간 지점이 되며, 이 지점이 바로 수구의 겨냥점이다.

▶ 데드볼 잉글리시로 부드럽게 샷하며, 큐의 평행을 유지한 채 풀 팔로-스루 스트로크를 적용하라.

▶ 대부분의 경우 이 방법이 삼각법이나 평행이동법보다도 계산하기가 빠를 것이다.

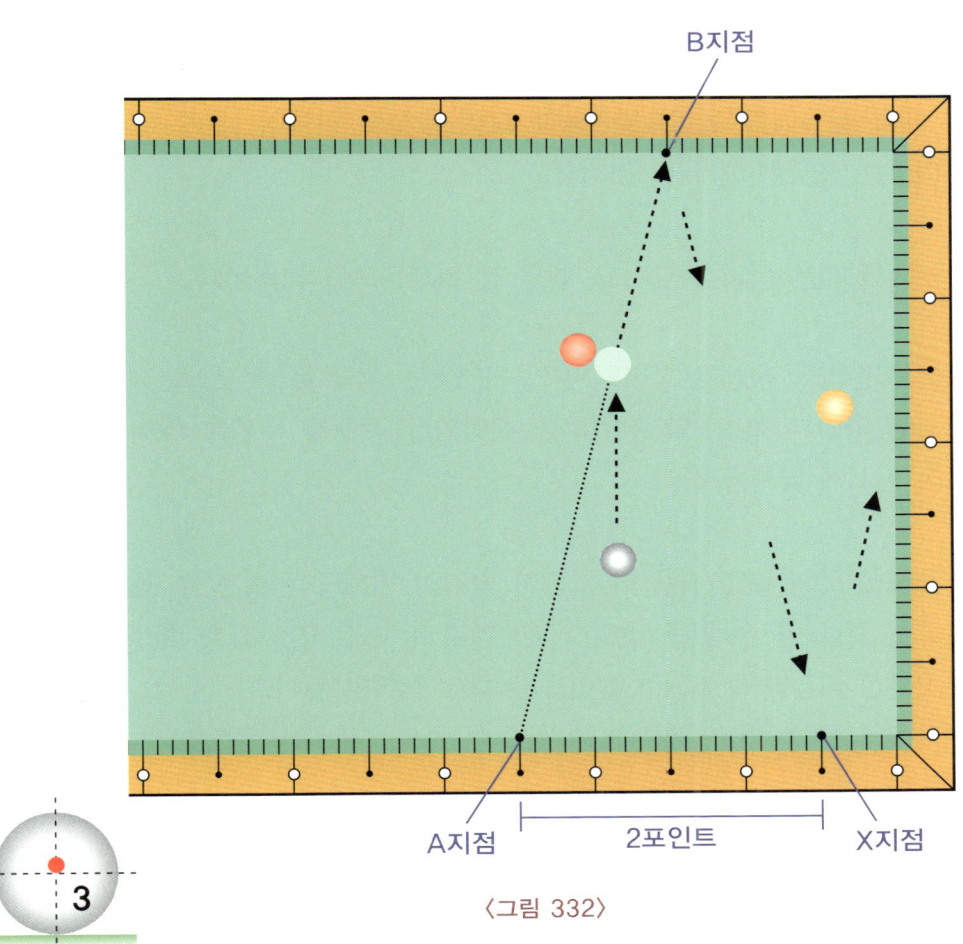

〈그림 332〉

ACROSS THE TABLE

와우샷의 응용
Wow's Cousin

▶ 114쪽에서 이 테크닉에 관해 설명하고 있으니 참고하길 바란다. 〈그림 333〉은 114쪽에서 소개한 테크닉을 동일하게 적용한 것이다.

▶ 이 테크닉은 더블쿠션이 불가능해 보이는 샷도 만들어 낼 수 있다는 것을 보여주는 중요한 예가 될 것이다.

▶ 수구의 당점은 중앙 하단이고, 빠른 잽 스트로크를 적용한다.

▶ 그립은 손바닥 전체로 감싸되 큐의 뒷부분을 살짝 들라(그립을 쥐는 압력은 상황에 따라 다르며, 약간 앞쪽을 쥐어라). 1적구를 두껍게 맞춰서 쿠션과 공이 동시에 맞게끔 하라.

▶ 곰곰히 생각해 보면, 수구의 당점이 약간만 변해도 전혀 다른 효과를 가져온다는 것을 알 수 있을 것이다. 한 예로 수구에 약간 좌측 회전을 적용하면 2쿠션 지점에서 회전이 살아있는 채로 진행할 것이다.

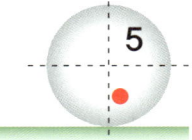

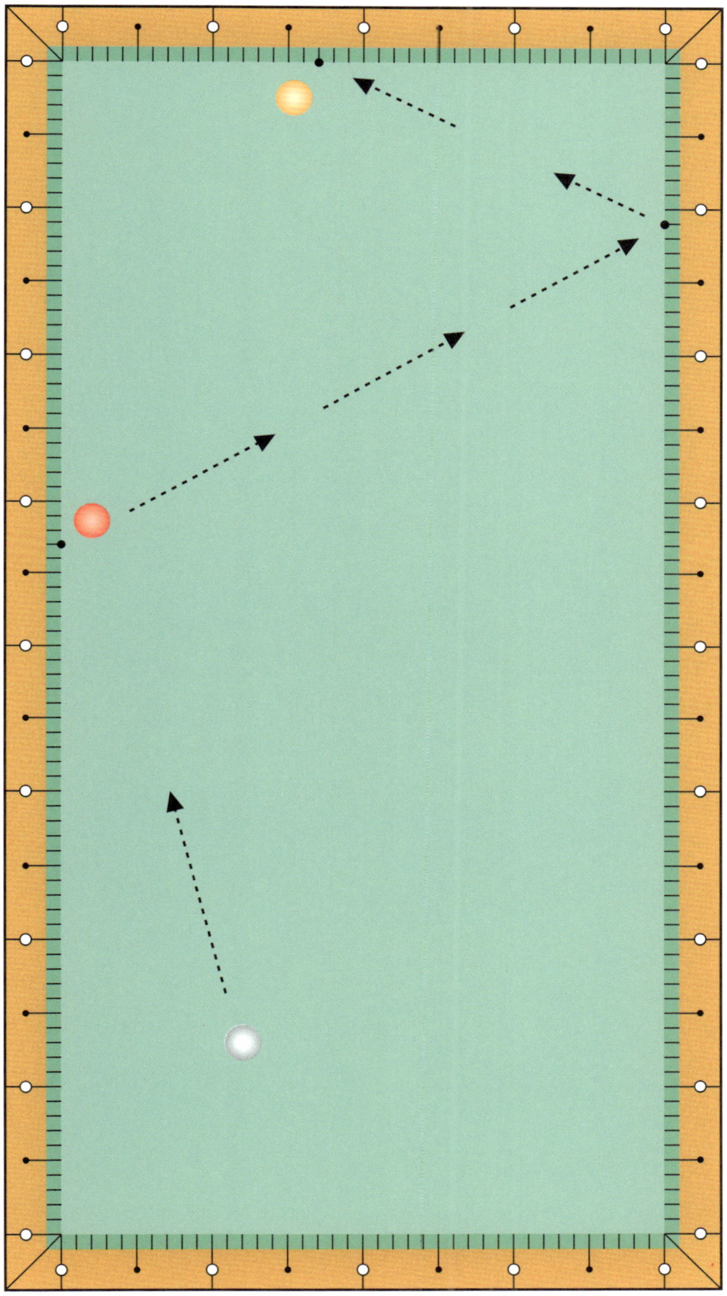

〈그림 333〉

ACROSS THE TABLE

Billiard ATLAS

Billiard ATLAS Chapter 3

몇 가지 보석
Some Gems

혹시 여러분 중에 위대한 선수들이 역사적으로 어떻게 스리쿠션을 플레이해 왔는지 궁금해하는 분이 있다면, **윌리 호프(Willie Hoppe)**씨가 한 이 말이 정확한 대답이 될 것이다.

"프로 선수들은 감각으로 계산한다."
(A pro plays mathematically by feel)

감각과 계산에 관하여 좀 더 나은 통찰력을 갖고자 한다면 9장을 참고하길 바란다. 그 후에 이 멘탈 게임에 잘 적용해 보라.

"기리까시 시스템(Kirikaeshi System)"은 일본에서 개발된 것으로, 3쿠션 지점을 찾는 1급 시스템이다. 이 시스템을 통해 1적구의 두께와 수구의 당점을 조절하는 방법을 배울 수 있을 것이다.

테크닉은 주로 시스템을 보안하는 역할을 하지만, 두 가지 모두 똑같이 중요하다. 선수가 가장 빨리 성장할 수 있는 최고의 방법들이 이 장에 소개되어 있다. 테크닉에 대한 지식을 조금만 습득하고 나면 일반적인 샷은 해결할 수 있다. "프로즌 볼(Frozen Ball)"의 내용을 참조하라.

테크닉을 연구하는 것이 뭐가 그렇게 중요하냐고 반문하는 사람이 있다면, 이 장에 약간의 시간을 투자해 보라. 결과가 말해줄 것이다.

- 기리까시 시스템
- 1적구가 프로즌일 경우 1
- 1적구가 프로즌일 경우 2

기리까시 시스템
Kirikaeshi System

▶ 이 놀라운 비법은 일본에서 전수되었다. 기리까시는 '뒤로 돌리다'라는 뜻이다.

▶ 이 시스템은 필자의 친구인 파키스타니 도모아키(Pakistani Tomoaki)가 이메일로 전송해 주었다. 그가 영어로 번역해 준 덕분에 몇 가지 일급 시스템이 세계에 모습을 드러낼 수 있었다.

▶ 이 시스템에 사용된 숫자는 암기하기 쉬우며, 2적구를 안쪽에서 맞추고자 할 때 필요한 가이드라인을 제시해 준다. 시스템에 적용되는 각은 쇼트앵글(short angle)에서 미디엄앵글(medium angle)까지이다.

▶ 〈그림 334〉에서 수구 수는 50이고 1적구는 30에 위치해 있다(1쿠션 지점과 동일). 당점은 3시 방향을 적용하라.

▶ 〈그림 335〉에서 수구 수는 45이고 1적구는 30에 위치해 있다(1쿠션 지점과 동일). 같은 당점을 적용하라.

▶ 계산법은 다음과 같다.

수구 수 − 1쿠션 지점 10 = 3쿠션 지점

그림	수구 수	1쿠션 지점	−10	3쿠션 지점
34	50	30	10	10
35	45	30	10	5

▶ N쿠션에는 수구 수와 3쿠션 지점, 두 가지 숫자가 부여된다. 또한 −10을 항상 유념하길 바란다.

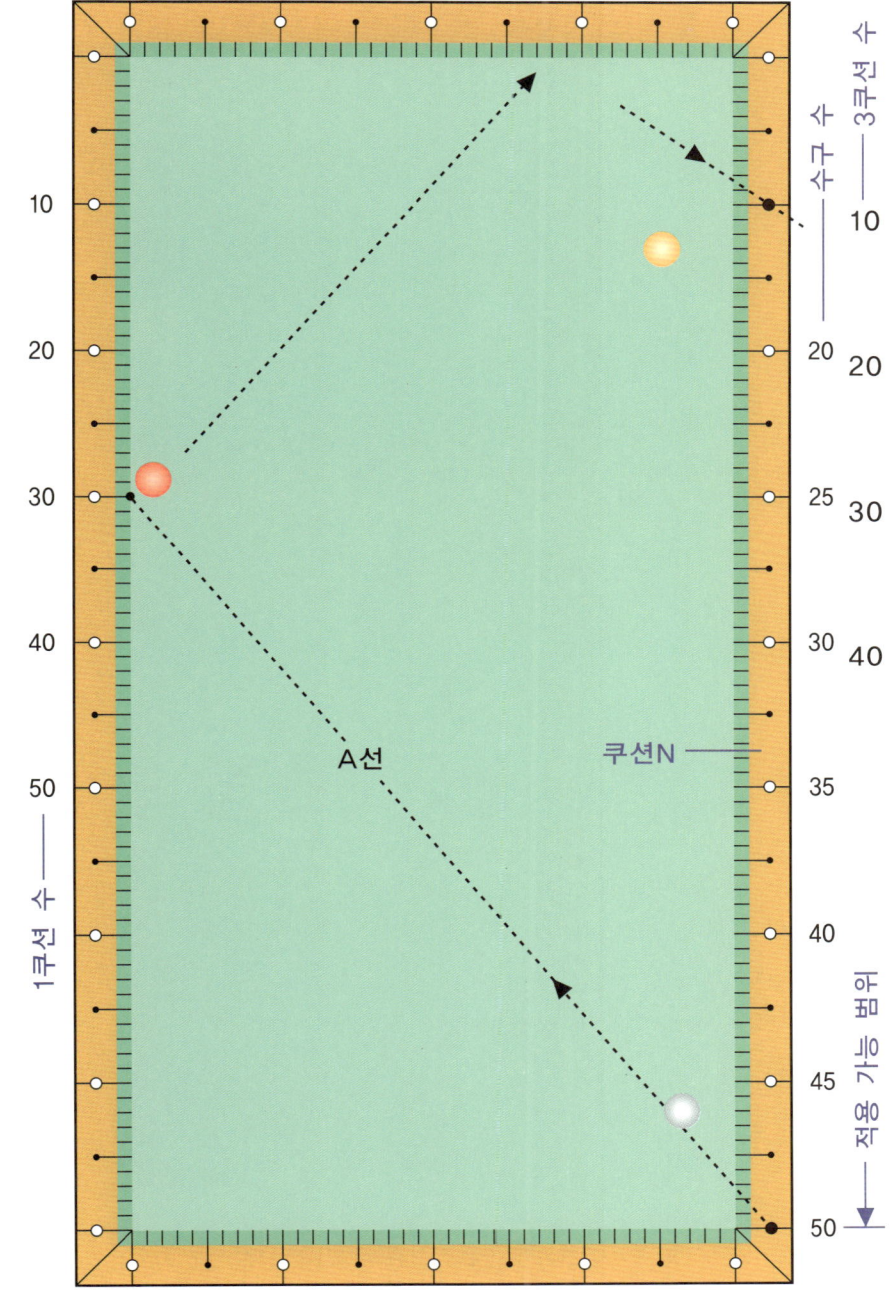

〈그림 334〉

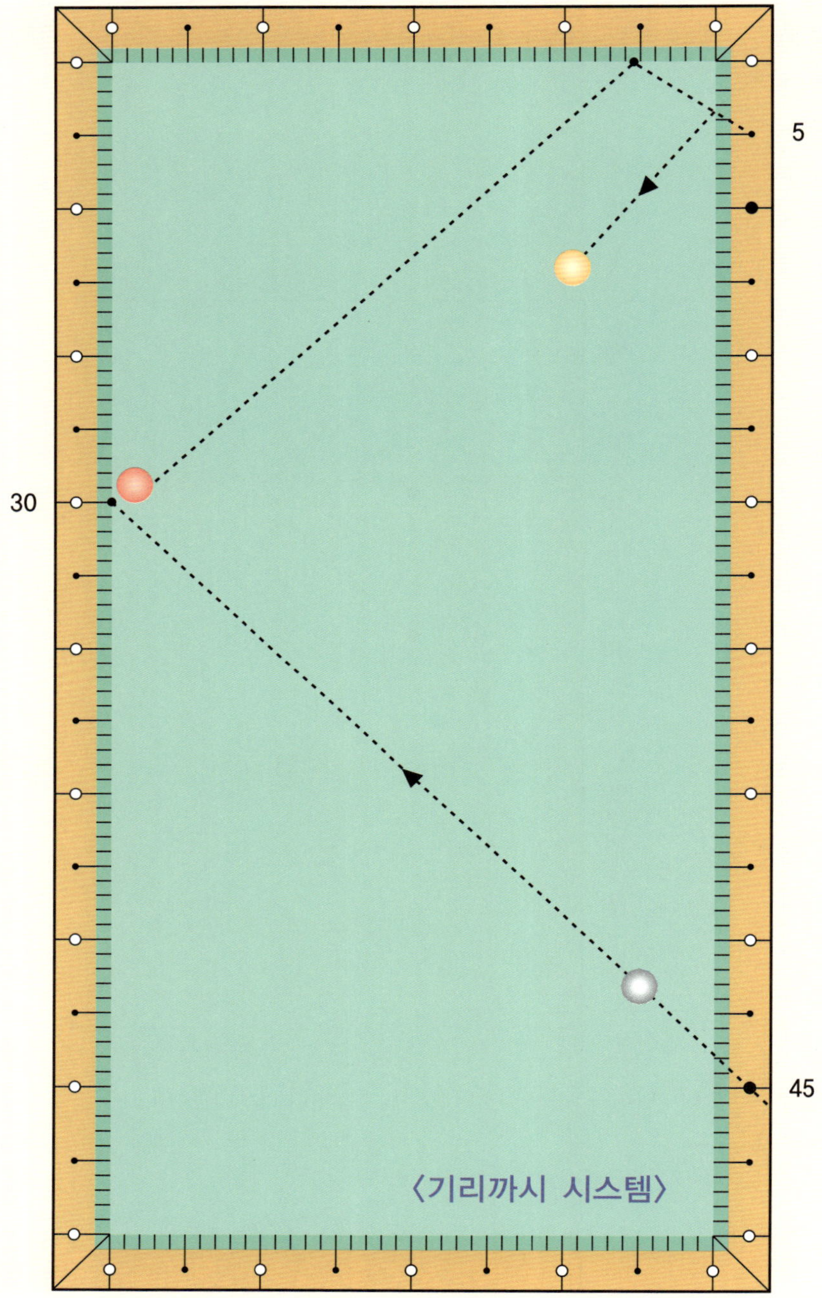

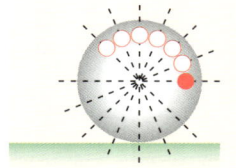

〈기리까시 시스템〉

〈그림 335〉

과도한 당점을 적용할 경우
수구의 진행 방향에 영향을 미치는데,
겨냥점에서 1인치(2.5cm) 정도
차이를 보인다.

과도한 당점은 가급적 피하라.
수구의 당점은 가급적 1.5팁을
벗어나지 않는 것이 좋다.

1적구가 프로즌일 경우 1
Frozen Object Ball

▶ 1적구가 쿠션과 붙어있을(프로즌) 경우 수구를 원하는 방향으로 보내기가 힘들다. 이 페이지에서 해결 방법을 소개하겠다. 수구는 1적구로 향할 때 반드시 하단 회전을 적용해야 하는데, 1쿠션에 부딪힌 후 살아나는 회전(running english)을 최소화할 수 있기 때문이다. 하지만 너무 과도하게 끌지 않도록 주의하라. 수구의 속도를 조절하는 것이 중요하며, 옆회전은 가급적 주지 않는 것이 좋다.

▶ 〈그림 336, 337〉에서 1적구의 위치는 동일하며, 수구의 위치에만 변동이 있다. 〈그림 336〉에서는 풀 팔로-스루 스트로크가 적용되며, 하단 당점은 비교적 줄여야 한다. 풀 팔로-스루 스트로크를 적용할 경우 수구가 1적구에 닿기 전까지 끌림을 최소화할 수 있을 것이다.

▶ 〈그림 337〉에서 수구와 1적구의 거리가 더 길어졌으므로, 수구를 더 오랫동안 미끄러뜨려야(skid) 한다. 수구의 미끄러짐을 유지하기 위해서는 더 깊게 끌어야 하는데, 잽 스트로크를 적용하면 끌림 현상이 완화된다. 이로써 수구의 회전을 조절할 수 있다. 1쿠션과의 분리각은 각 그림에 제시되어 있다. 삼각형을 예로 들어 설명하자면, 단축에서 장축으로 이어지는 선이 삼각형의 밑변이 된다.

▶ 두 가지 그림에서 모두 1적구의 두께는 1/4, 수구의 속도 4를 적용하였다. 1쿠션과의 분리각은 단축으로 3포인트, 장축으로 4포인트만의 비율을 이룬다. 만약 수구의 속도를 6으로 올릴 경우 분리각은 길어지는데 단축으로 3포인트, 장축으로 5포인트 정도가 될 것이다. 수구를 과도하게 끌 경우 분리각은 더욱 길어진다. 하지만 우리의 목표는 샷을 조절하는 데 있다.

▶ 수구가 1적구와 매우 가까이에 위치해 있을 경우는 또 다르다(〈그림 338〉 참조). 1/8(또는 그 이하)의 두께, 수구 속도 4에 빠른 스트로크를 적용해야 한다.

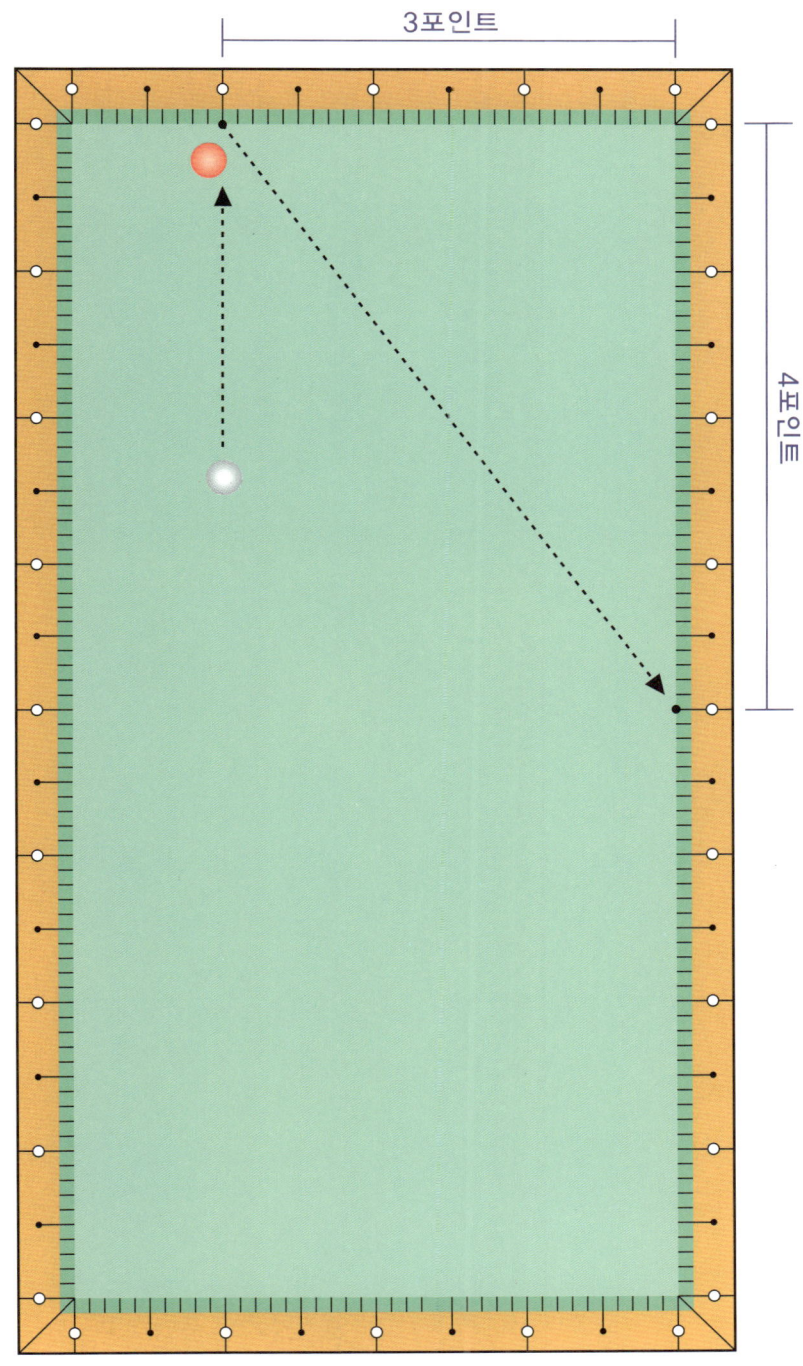

〈그림 336〉

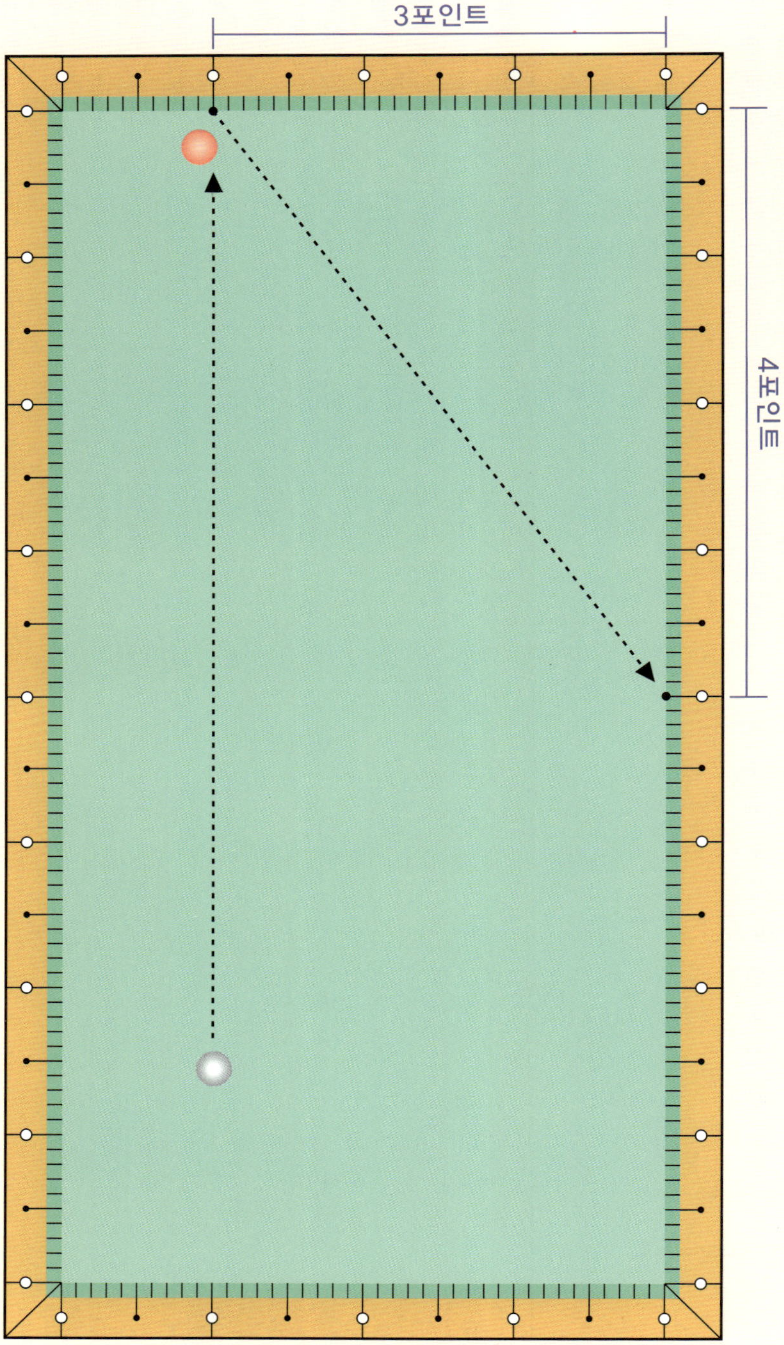

3포인트

4포인트

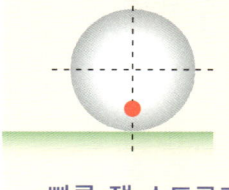

빠른 잽 스트로크

〈그림 337〉

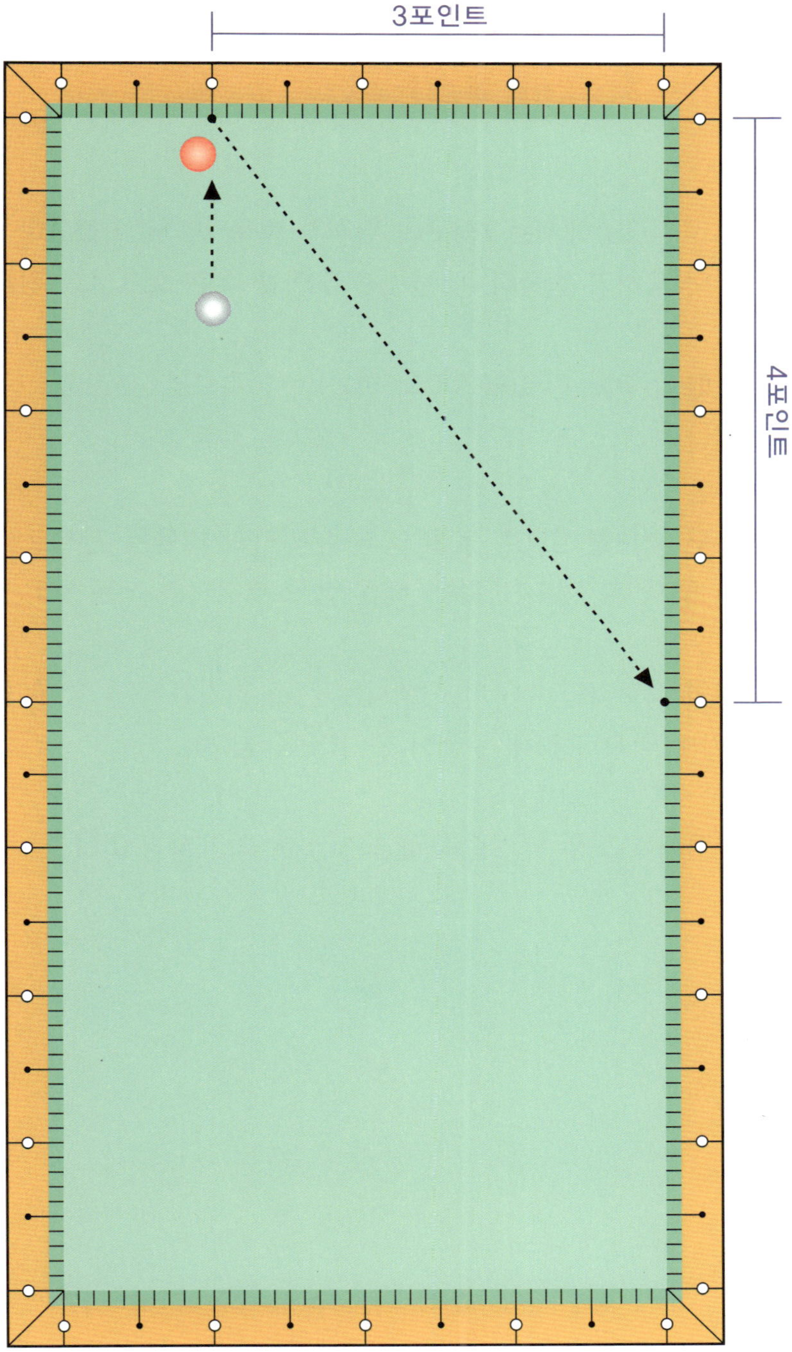

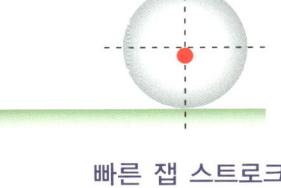
빠른 잽 스트로크

〈그림 338〉

1적구가 프로즌일 경우 2
More Frozen Ball

▶ 〈그림 339〉에서는 1적구의 위치가 더욱 까다로워졌으며, 1/4두께로는 득점에 성공하기 힘들다. 대신 1/8 두께와 수구 속도 4를 적용해야 한다.

▶ 이때 수구의 진로(분리각의 비율)는 단축으로 2포인트, 장축으로 4포인트가 된다.

▶ 수구 속도를 6으로 올릴 경우 분리각의 비율은 단축으로 2포인트, 장축으로 6포인트 정도가 된다. 빠른 잽 스트로크를 적용하라.

▶ 위의 각도라면 수구가 진행하는 선을 읽기가 쉬울 것이다. 수구의 디플렉션/커브 역시 고려해 두어야 한다(12쪽 참고).

▶ 수구에 과도한 백스핀이 걸리면 샷은 망가질 것이다.

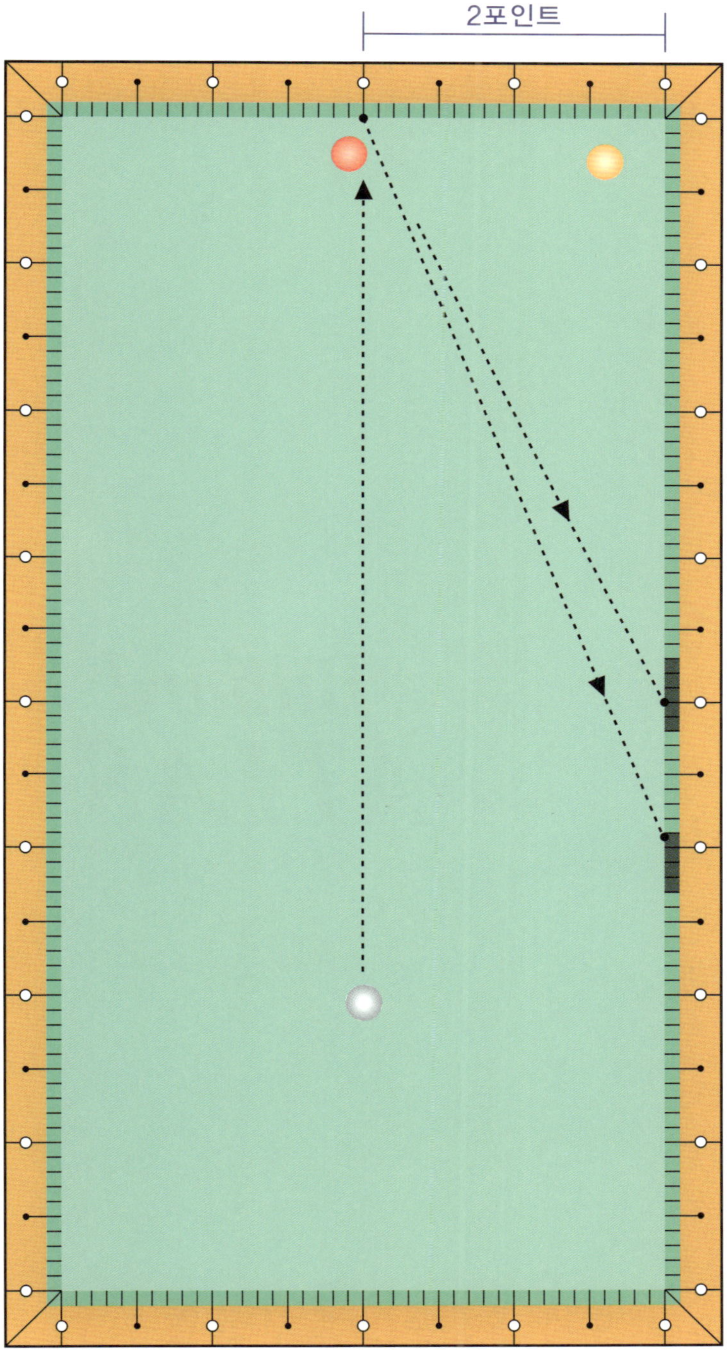

2포인트

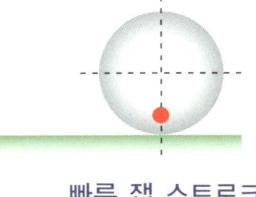
빠른 잽 스트로크

〈그림 339〉

SOME GEMS 85

Billiard ATLAS

Billiard ATLAS Chapter 4

엔드레일 시스템
End Rail

지난 몇 년 간 필자는 선수들이 엔드레일(단축) 시스템을 사용하여 샷을 성공시키는 것을 보며 감탄을 금치 못했었는데, 그 계산법을 알지는 못했다. 이 장에서는 수구가 단축에 처음 부딪히는 지점을 소개해 줄 것이다.

필자는 지속적으로 이 시스템에 대한 해법을 찾기 위해 노력했고, 소기의 성과가 있었다. 엔드레일 시스템을 알고 있는 선수들은 그 비법을 자신들만 간직하려고 했다.

브라질과 일본 출신 선수들의 협조에 힘입어 우리는 수구의 단축 도달 지점에 대한 지식을 갖게 되었다. 여기에는 두 가지 훌륭한 계산법이 존재하는데, 하나는 블루문(Blue Moon) 시스템이고 다른 하나는 블루둔 역회전 걸어치기(Blue Moon Reverse Back-out) 시스템이다. 두 시스템 모두 데드볼 시스템의 일종이다. 반면 도쿄 커넥션(Tokyo Connection) 시스템은 회전력을 이용한 시스템이다.

이 장은 첫 번째 쿠션이 단축인 시스템에 관한 연구를 수록하고 있다. 이제 여러분은 이 샷에 조금 더 자신감을 가지고 임할 수 있을 것이다. 혹 실패하더라도 관중은 환호할 것이다.

당구대의 슬라이드(미끌림)가 도달 지점을 파악하는 데 중요한 변수가 된다. 시스템을 적용하기 이전에 당구대에 대한 테스트가 반드시 선행되어야 한다.

- 도쿄 커넥션
- 도쿄 커넥션 2 : 수구의 시발점이 단축인 경우
- 도쿄 커넥션 3 : 수구 수가 6일 때
- 도쿄 커넥션 4 : 수구 수가 7, 8인 경우
- 도쿄 커넥션 5 : 원쿠션 걸어치기
- 블루문 샷
- 블루문의 변형
- 블루문 역회전 걸어치기

도쿄 커넥션
Tokyo Connection

▶ 일본을 벗어나면서 이 시스템은 존재를 드러냈으나 난해하기 그지없다. 코너 파이브(Corner Five)로 알려진 기본 다이아몬드 시스템이 이 시스템 계산에 부분적으로 적용되었다.

▶ 〈그림 340〉에서는 코너 파이브 시스템의 숫자(장축)를 그대로 적용하고 있다. 수구 수는 1.5에서 5(그림에서는 2-5)까지이고, 1쿠션 수는 10에서 80(그림에서는 10-50)까지이다. 그림 상단 단축에도 특정한 숫자가 부여되어 있다. 이 숫자들은 수구의 시발점이 장축에 있을 경우 암기되어야 할 것들이다.

▶ 〈그림 340〉에서 수구 수는 5.0이다. 만약 상단 단축 6으로(칼끝) 수구를 보내고자 한다면, 수구 수에 '단축 수'를 곱하라(6×5=30). 30이 바로 1쿠션 겨냥점이 된다. 만일 단축의 8지점으로 수구를 보내고자 한다면, 8×5=40, 즉 40이 1쿠션 겨냥점이 된다.

▶ 〈그림 341〉에서는 여러 가지 수구 수를 제시하고 있는데, 1.5부터 5.0까지 다양하다. 이 모두가 단축 지점 10을 겨냥한 것이다. 수구의 시발점이 장축이라는 사실을 명심하라.

▶ 1쿠션 겨냥점은 수구 수에 단축 수(2쿠션 수)를 곱한 값이다. 예를 들면 수구 수가 5일 경우 단축 수 10을 곱한 50이 1쿠션 겨냥점이 된다. 수구 수가 4.0일 경우는 4×10=40, 즉 1쿠션 40을 겨냥해야 한다. 수구 수가 2.0일 경우는 20이 된다.

▶ 수구의 당점은 중단 맥시멈이며, 큐는 항상 평행을 유지해야 한다. 수구의 속도는 3~4정도이며, 팔로-스루 스트로크가 적용된다.

▶ 〈그림 342〉에서는 수구의 당점 변화가 필요하다.

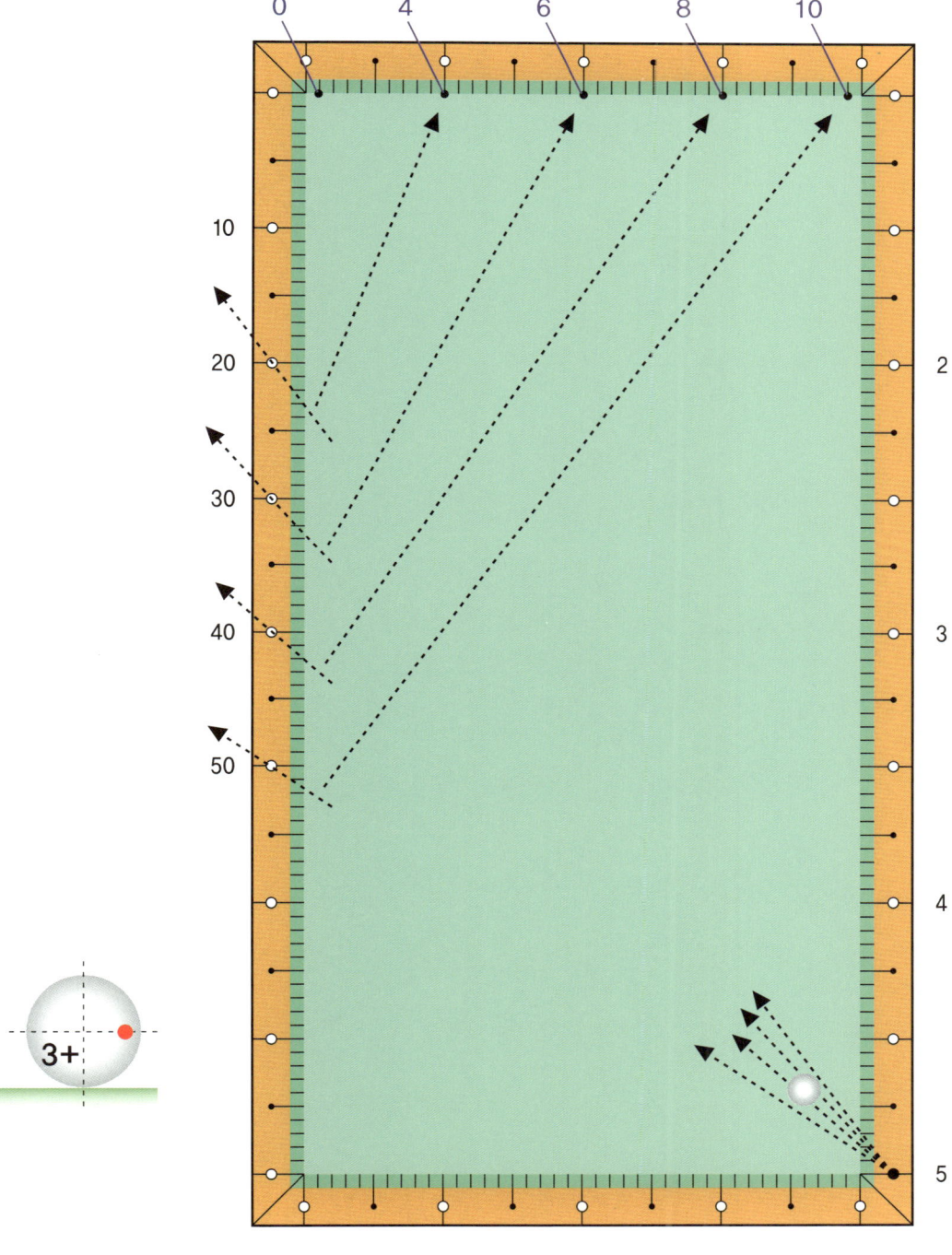

〈그림 340〉

END RAIL

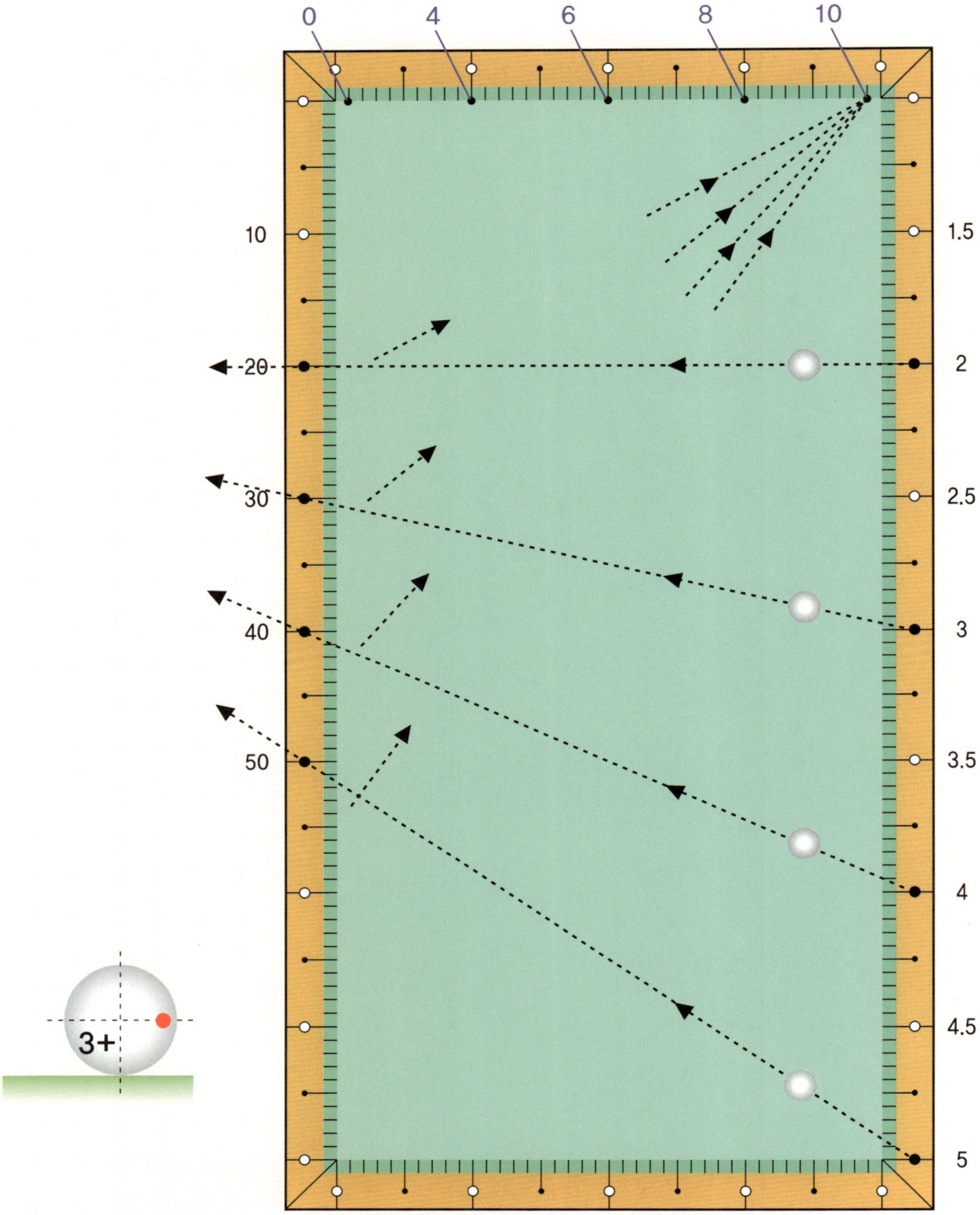

〈그림 341〉

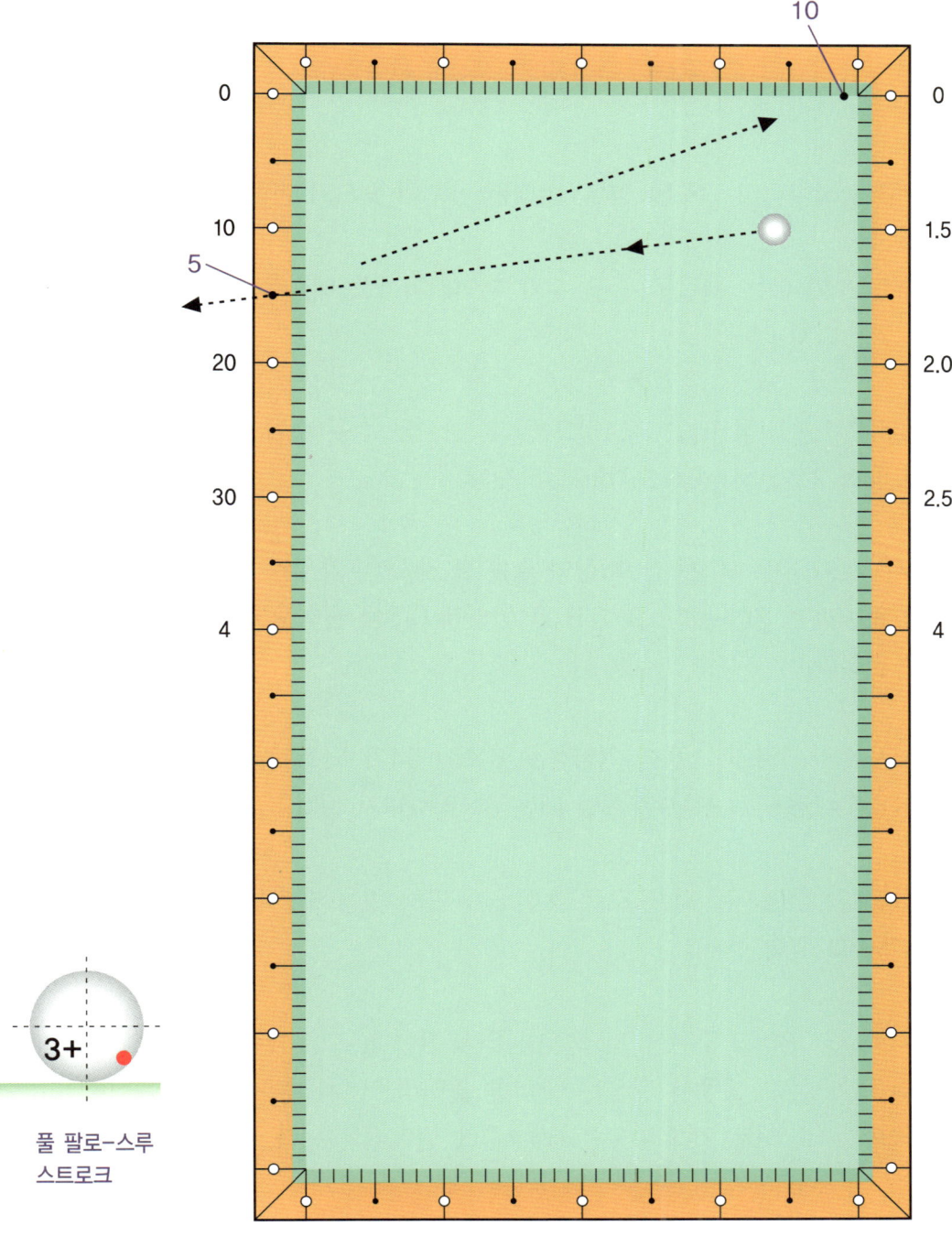

〈그림 342〉

END RAIL

도쿄 커넥션 2 : 수구의 시발점이 단축인 경우
Tokyo's Change

▶ 수구의 시발점이 단축일 경우, 반대편 단축의 숫자가 변한다.

▶ 〈그림 343〉에는 새로운 수구 수가 부여되어 있는데, 코너인 5를 시작으로 6, 7, 8까지 이다.

▶ 모두 2쿠션 지점 10을 겨냥하고 있다. 하지만 수구 수가 6에서 8까지 변함에 따라 2쿠션 지점의 숫자도 달라진다.

▶ 수구 수가 6일 때 2쿠션 지점의 수는 9, 수구 수가 7일 때는 8.5, 수구 수가 8일 때는 8이 된다. 9, 8.5, 8 이렇게 0.5씩 줄어들므로 암기하기가 매우 편하다.

▶ 수구 수가 6일 때 1쿠션 겨냥점은 6×9=54가 되고, 수구 수가 7일 때는 7×8.5=59.5, 수구 수가 8일 때는 8×8=64가 된다.

▶ 〈그림 344〉에서는 다른 모든 초이스가 막혀 있을 때 시도할 수 있는 샷을 소개하고 있다.

▶ 수구 수가 8이고 2쿠션 겨냥점(B) 역시 8이다. 고로 1쿠션 겨냥점은 8×8=64가 된다. 2쿠션 지점은 코너를 돌아나오면서 수구가 감기는 현상이 나타나는데, 이로 인해 수구는 60부근에 떨어질 것이다.

▶ 이 샷을 성공시키면 관객들은 탄성을 자아낼 것이다.

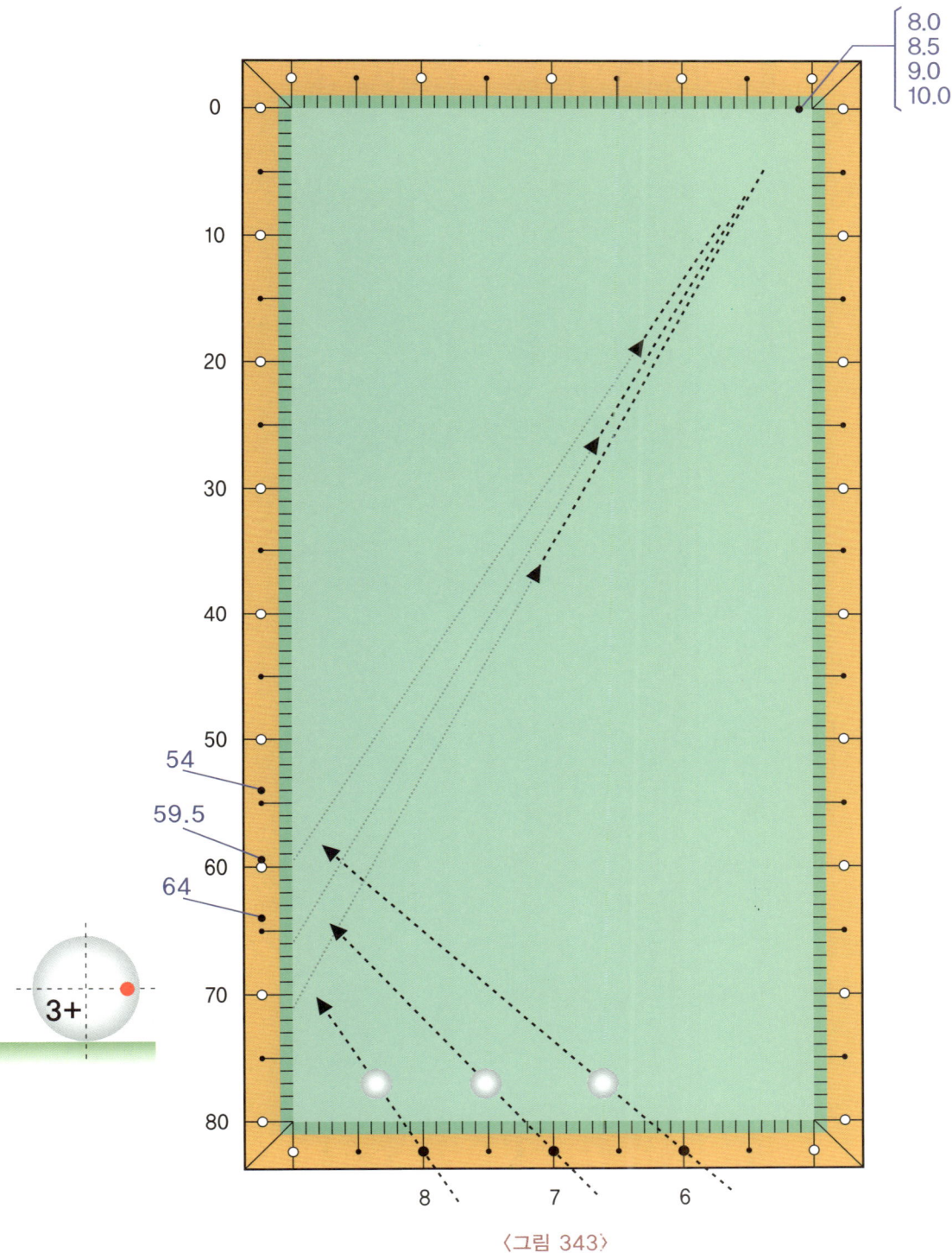

〈그림 343〉

END RAIL

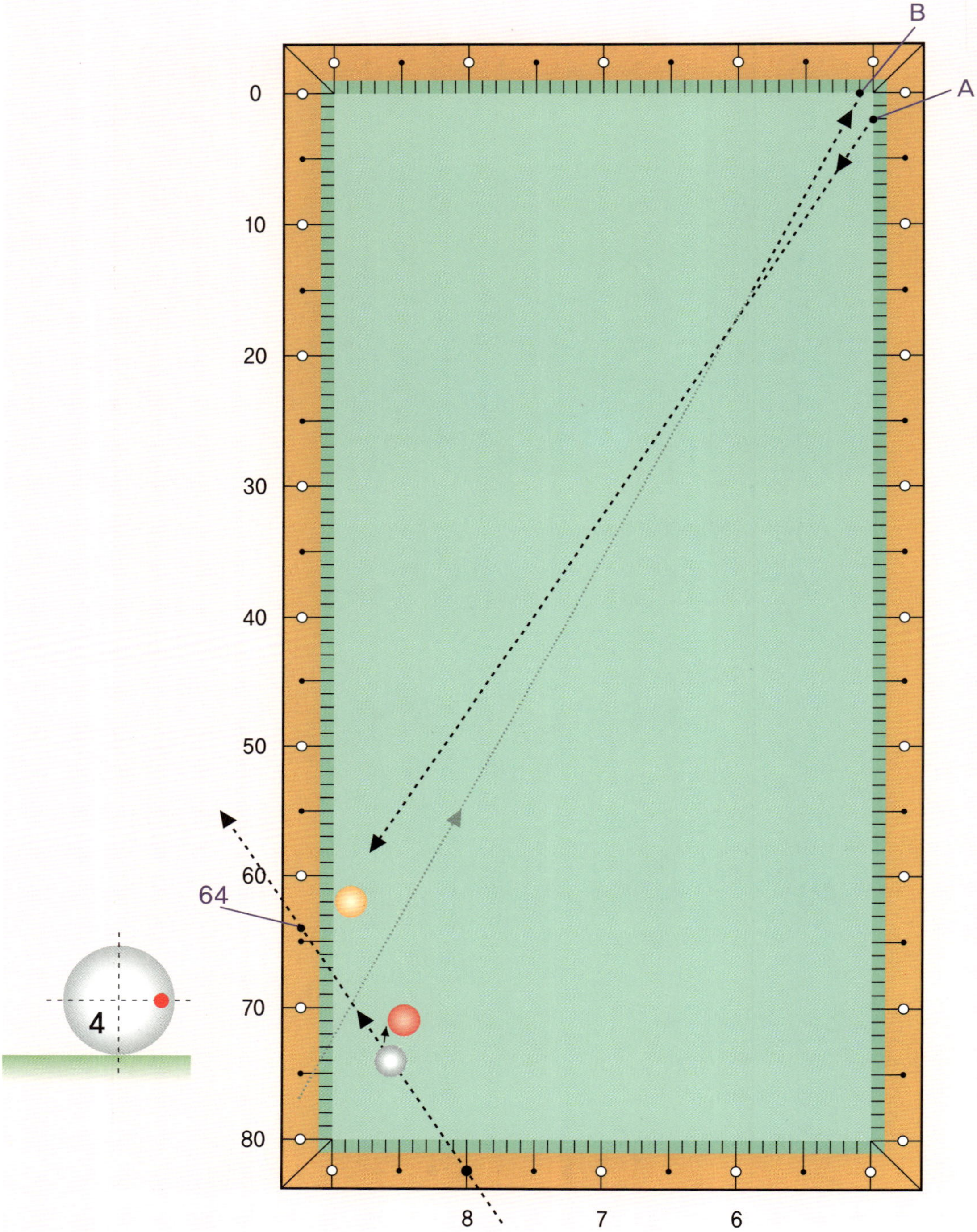

〈그림 344〉

수구를 의도한 것보다
강하게 또는 쉽게 치려고 하면
좋지 않은 결과를 얻게 된다.

도쿄 커넥션 3 : 수구 수가 6일 때
East End

▶ 〈그림 345〉에서는 수구 수가 6일 때 나타나는 여러 가지 진로에 대하여 소개하고 있다.

▶ 2쿠션 지점의 숫자에 약간의 변동이 있다. 숫자는 각각 4, 7, 8, 9이다.

▶ 그림에서는 같은 공식을 사용한 4가지 진로를 보여 주고 있다. 수구 수가 6이고 2쿠션 지점이 4일 경우 6×4=24가 되어 1쿠션 겨냥점은 24가 된다.

▶ 2쿠션 지점이 7일 경우 6×7=42가 되고, 8일 경우 6×8=48이며, 9일 경우는 6×9=54가 된다.

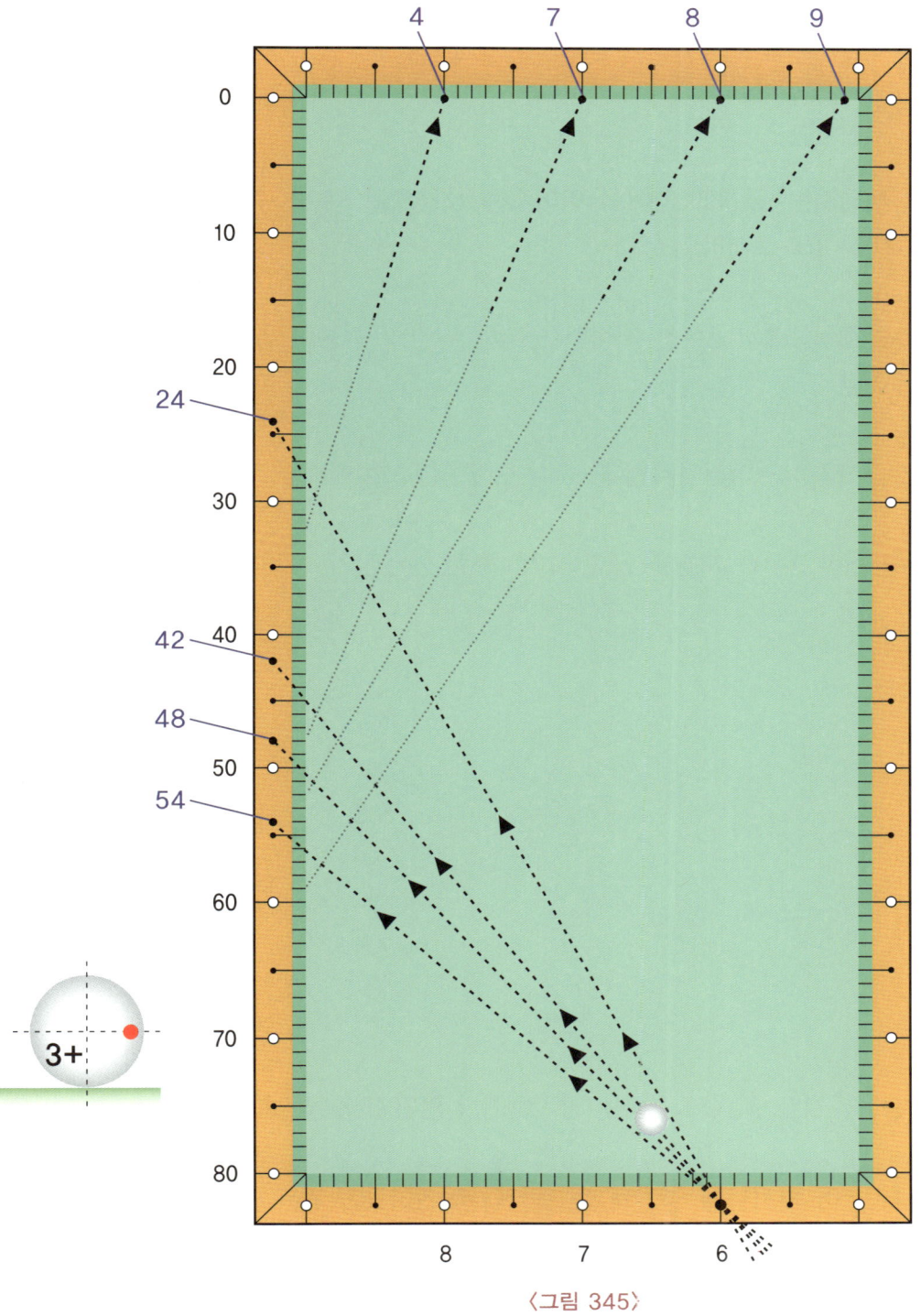

〈그림 345〉

END RAIL

도쿄 커넥션 4 : 수구 수가 7, 8인 경우
Far East End

▶ 이 페이지는 앞 페이지에서 이어지는 내용으로, 수구 수가 7과 8일 때의 진로에 대해 소개하고 있다.

▶ <그림 346>에서 2쿠션 지점의 숫자에 약간의 변동이 있다. 각각 4, 7, 8, 8.5이다.

▶ <그림 347>도 마찬가지인데, 각각 5, 7, 7.5, 8이다.

▶ 수구 수에 2쿠션 지점을 곱한 값이 1쿠션 겨냥점의 수이다.

그림	수구 수	2쿠션 지점	1쿠션 겨냥점
346	7	4	28
	7	7	49
	7	8	56
	7	8.5	59.5
347	8	5	40
	8	7	56
	8	7.5	60
	8	8	64

▶ 변동된 2쿠션 지점의 숫자는 암기하기가 만만치 않을 것이다.

▶ 하지만 이 숫자들을 암기해 놓으면 다른 초이스가 힘든 상황에서 1쿠션 걸어치기 샷을 시도해 볼 수 있을 것이다.

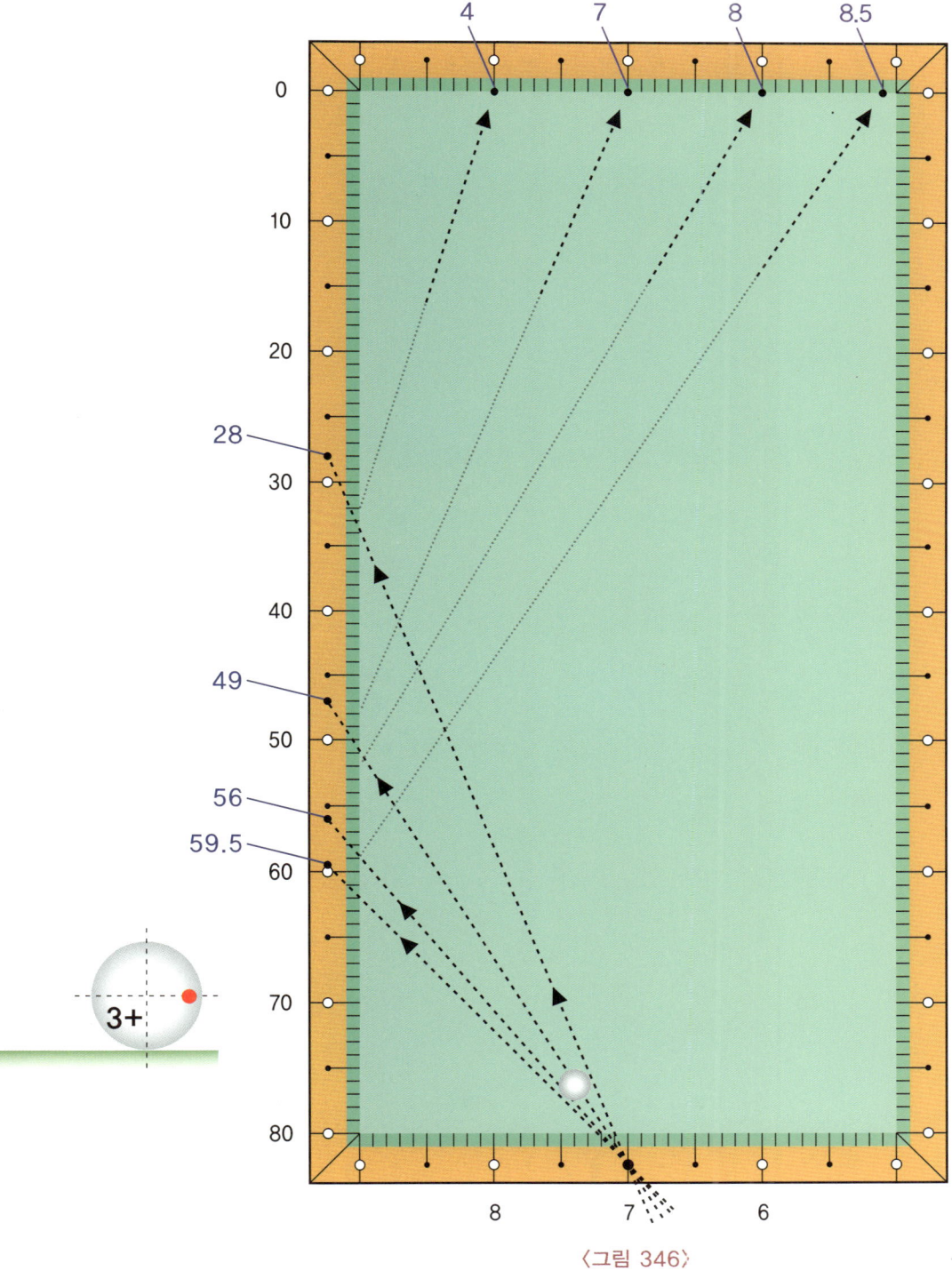

〈그림 346〉

END RAIL 99

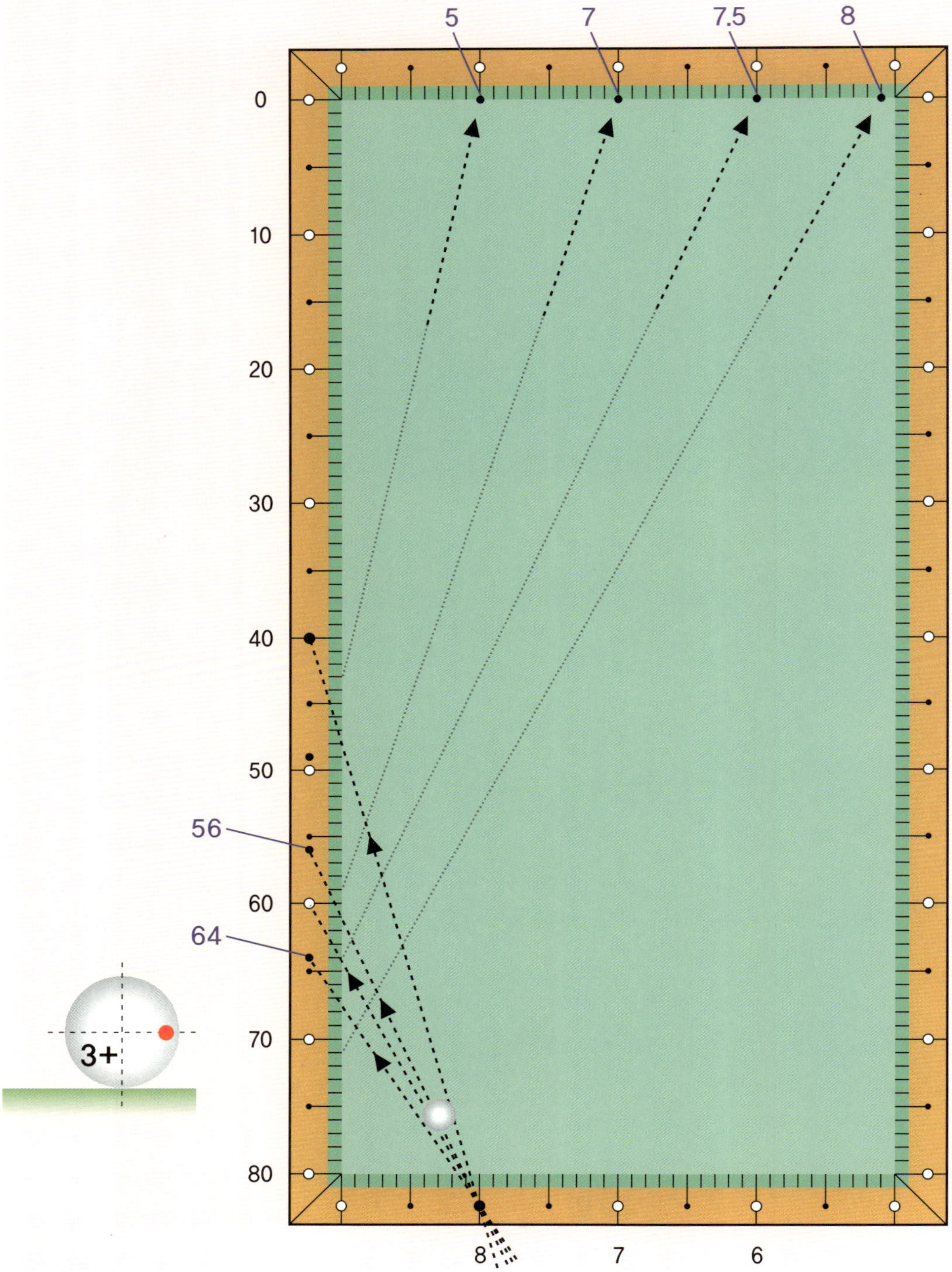

〈그림 347〉

수구의 당점이 정중앙이거나
그보다 살짝 아래인 경우, 위쪽을 치는 것보다
더 정확하게 수구를 보낼 수 있다.

상단 당점을 자제해야 하는 이유가
바로 여기에 있다. 쿠션에 부딪힌 후에 생기는
부자연스러운 변화를 피할 수 있을 것이다.

도쿄 커넥션 5 : 원쿠션 걸어치기
Grab For Straws

▶ 〈그림 348〉에서는 앞서 소개한 도쿄 커넥션 시스템을 투쿠션 걸어치기에 적용하는 방법을 소개하고 있다.

▶ 수구의 적절한 진행 방향을 찾아 보자. 수구 수가 5이고 1쿠션 지점 40을 겨냥했을 때 1적구의 측면에 정확히 도달할 것으로 보인다.

▶ 1적구는 얇게 맞아야 득점 가능하다.

▶ 이 초이스가 뜬구름 잡는 것처럼 보일 수도 있겠지만, 다른 대안이 없지 않는가?

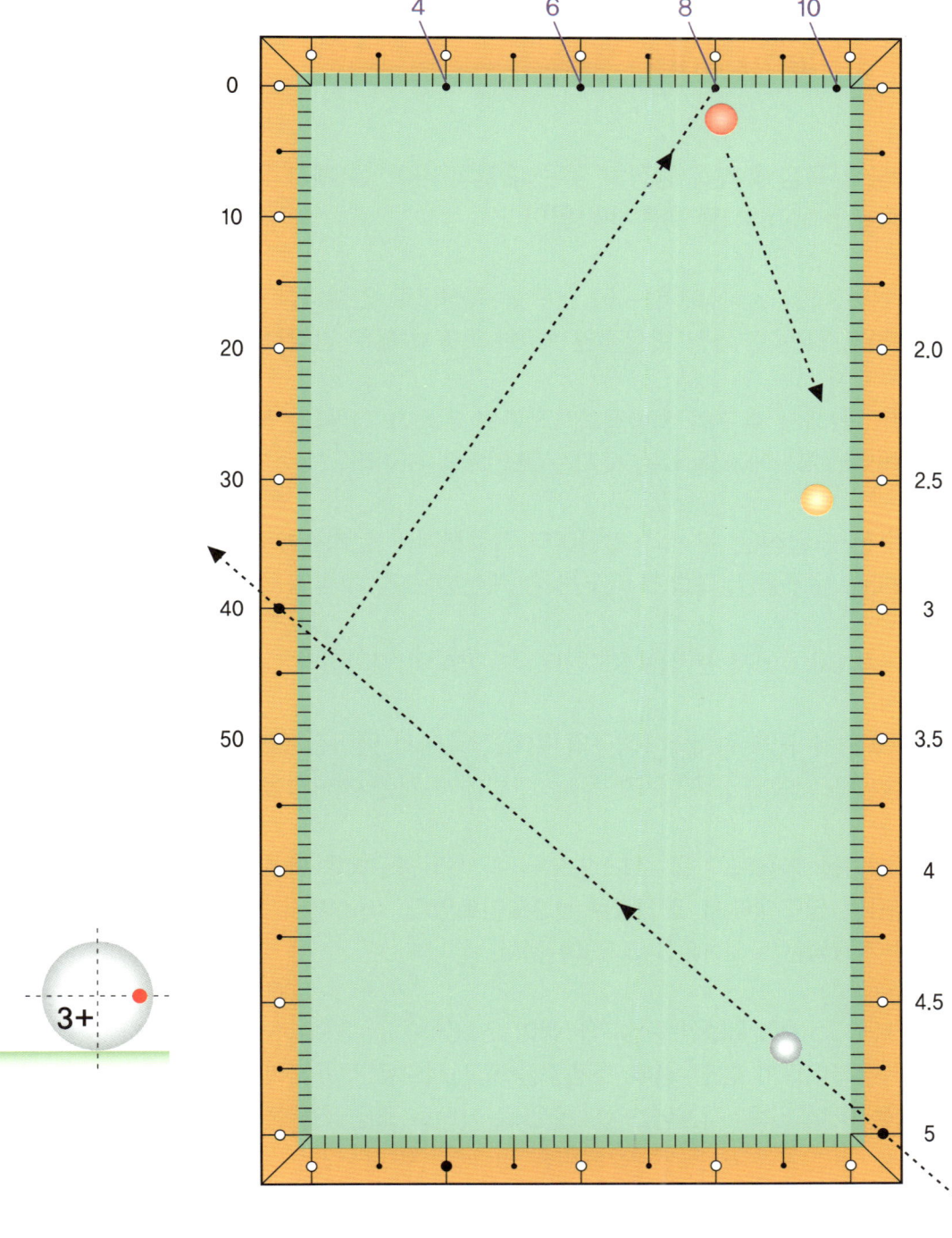

〈그림 348〉

블루문 샷
Blue Moon Shot

▶ 가끔씩 득점 확률이 굉장히 낮은 배열의 공이 설 때가 있다. 마치 푸른 달(blue moon)이 뜰 확률처럼 말이다.

▶ <그림 349, 350>에서는 이 난구를 득점으로 연결시킬 수 있는 방법을 소개하고 있는데, 가장 현실적인 초이스이면서 매우 감각적인 샷이다.

▶ 각 그림에서 수구의 시발점과 1적구의 위치가 다른데, 적용되는 공식은 동일하다. 계산에 사용되는 숫자는 포인트의 수이다.

▶ 2쿠션 도달점은 쿠션의 칼끝이다. 1쿠션에서 분리각을 적절히 유지할 수 있도록 수구를 부드럽게 타구하라. 계산법은 각 그림에 소개되어 있다.

▶ <그림 349>에서 분자는 8포인트, 즉 장축의 길이이다.

▶ 분모는 수구의 위치와 1적구의 위치(장축에서 떨어진 정도)를 더한 값이다. 각각 1포인트와 2포인트가 된다. 그림에 소개한 계산법을 참조하라.

▶ 조정값을 적용해야 할 수도 있으니 각자의 당구대를 테스트해 보기 바란다. 필자의 당구대에서 조정값은 0.3포인트였다. 따라서 <그림 349>에서 1쿠션 겨냥점은 5.33+0.3=5.63이 된다.

▶ <그림 350>에서는 1쿠션 겨냥점이 2.66×0.3=2.96이 된다. 만일 당구대의 슬라이드가 심할 경우 조정값을 점진적으로 적용하라. 즉 처음 수구 수에는 0.1포인트, 다음에는 0.2포인트 식으로 조정값을 붙이는 것이다.

▶ 이 샷은 좀처럼 시도하지 않는데, 큰 차이로 비켜갈 경우 창피하기 때문이다. 하지만 걱정하지 말라. 이제 여러분은 관중의 환호를 받게 될 것이다.

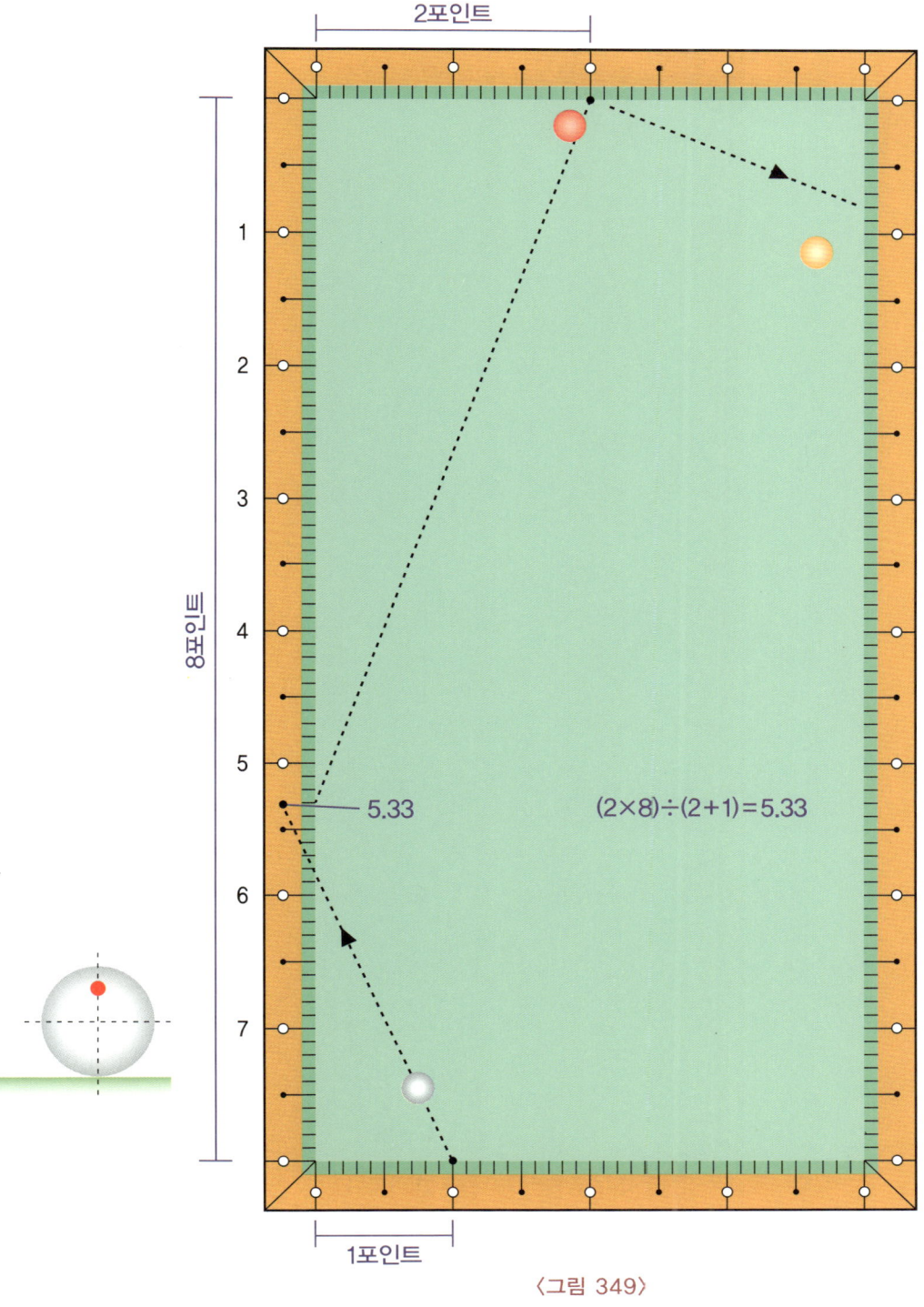

〈그림 349〉

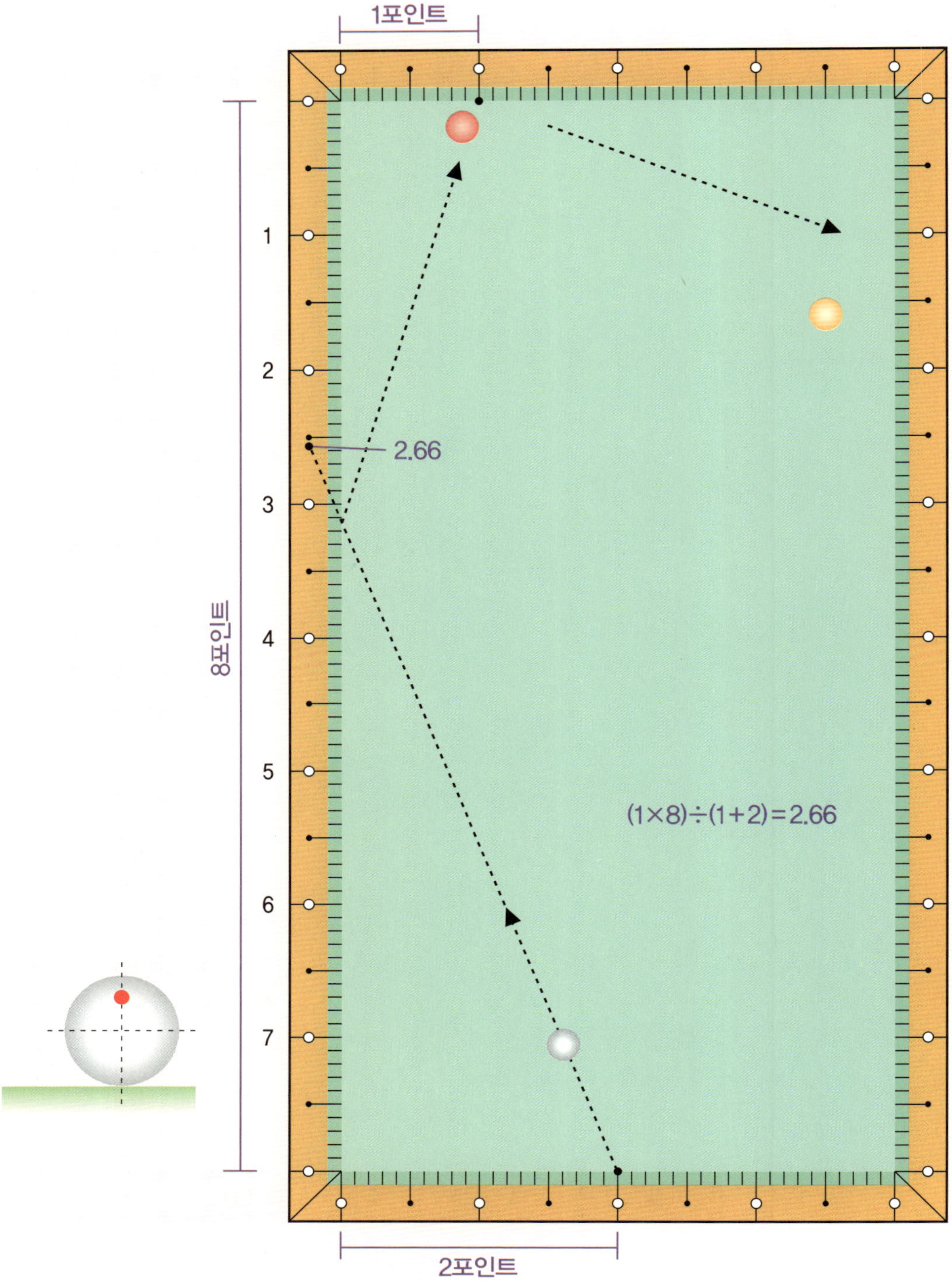

1포인트

8포인트

2.66

$(1 \times 8) \div (1+2) = 2.66$

2포인트

〈그림 350〉

블루문의 변형
Small Moon

▶ 수구가 단축에서 떨어져 있을 경우엔 수구의 시발점을 찾기가 쉽지 않다.

▶ 〈그림 351, 352〉에서는 수구 수를 부여하는 또 다른 방법에 대해 소개하고 있는데, 가상의 단축을 수구의 현재 위치로 옮기는 것이다.

▶ 가상의 단축을 이용하면 계산이 훨씬 쉬워질 때가 있다. 그렇지 않다면 수구의 시발점을 정확히 측정해야 할 것이다.

▶ 단, 가상 단축을 적용할 경우 계산법에서 분자가 달라진다. 8포인트를 곱하는 것이 아니라 단축과 가상 단축 사이의 거리를 곱해 주어야 한다.

▶ 그림에서 소개한 공식을 참고하기 바란다.

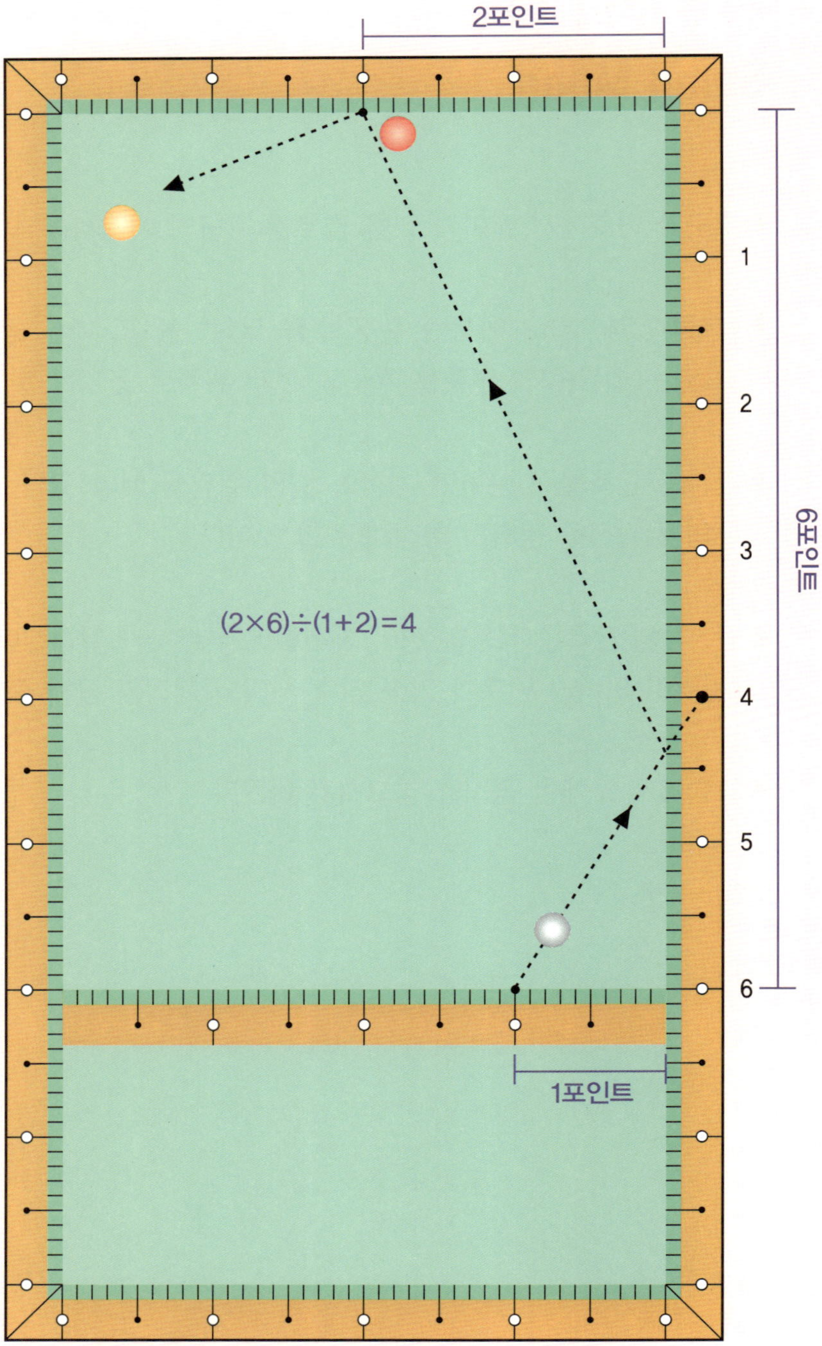

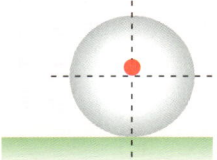

$(2×6)÷(1+2)=4$

〈그림 351〉

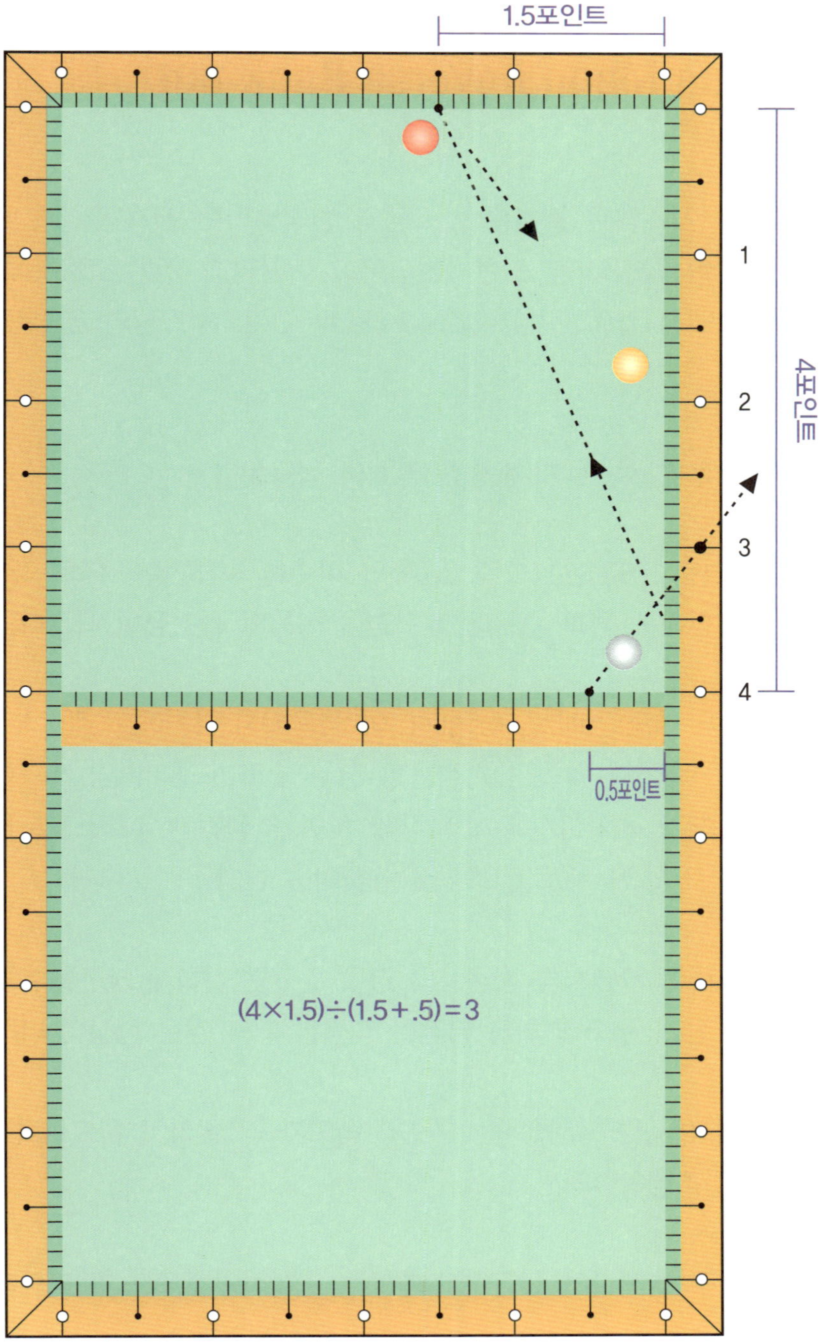

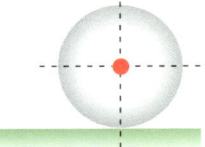

〈그림 352〉

END RAIL

블루문 역회전 걸어치기
Blue Moon Reverse Back-out

▶ 이 시스템은 블루문 시스템의 친척뻘되는 시스템으로, 역회전을 사용하는 것이 특징이다. 또한『빌리어드 아틀라스 2권』182쪽에서 소개한 원쿠션 역회전 걸어치기(Reverse Back Out) 시스템의 연장선상에 있다고도 볼 수 있다.

▶ 블루문 시스템과 동일한 공식이 적용된다.

▶ 〈그림 353〉은 〈그림 349〉와 비슷한 형태인데, 1적구의 반대쪽 측면을 겨냥한다는 점과 수구에 역회전을 적용한다는 점이 다르다.

▶ 상단 회전(rolling english)이 적용되지 않기에 조정값에 약간씩 차이가 난다. 수구에 역회전을 적용할 경우 슬라이드(미끌림)가 거의 일어나지 않고, 속도가 증가할수록 반사각에 차이가 생긴다. 그러므로 당구대에서 테스트를 거친 후 새로운 조정값을 찾아야 한다.

▶ 오른쪽 그림처럼 롱앵글의 경우 수구를 강하게 타구할수록 반사각은 날카로워진다. 수구에 하단 당점을 적용할 때도 같은 현상이 나타난다.

▶ 필자의 당구대에서는 수구의 속도가 더 빨라야 하므로 1쿠션 겨냥점은 5.5로 조정하였다.

▶ 난구를 해결하기 위해서 때로는 모험적인 초이스가 필요하다.

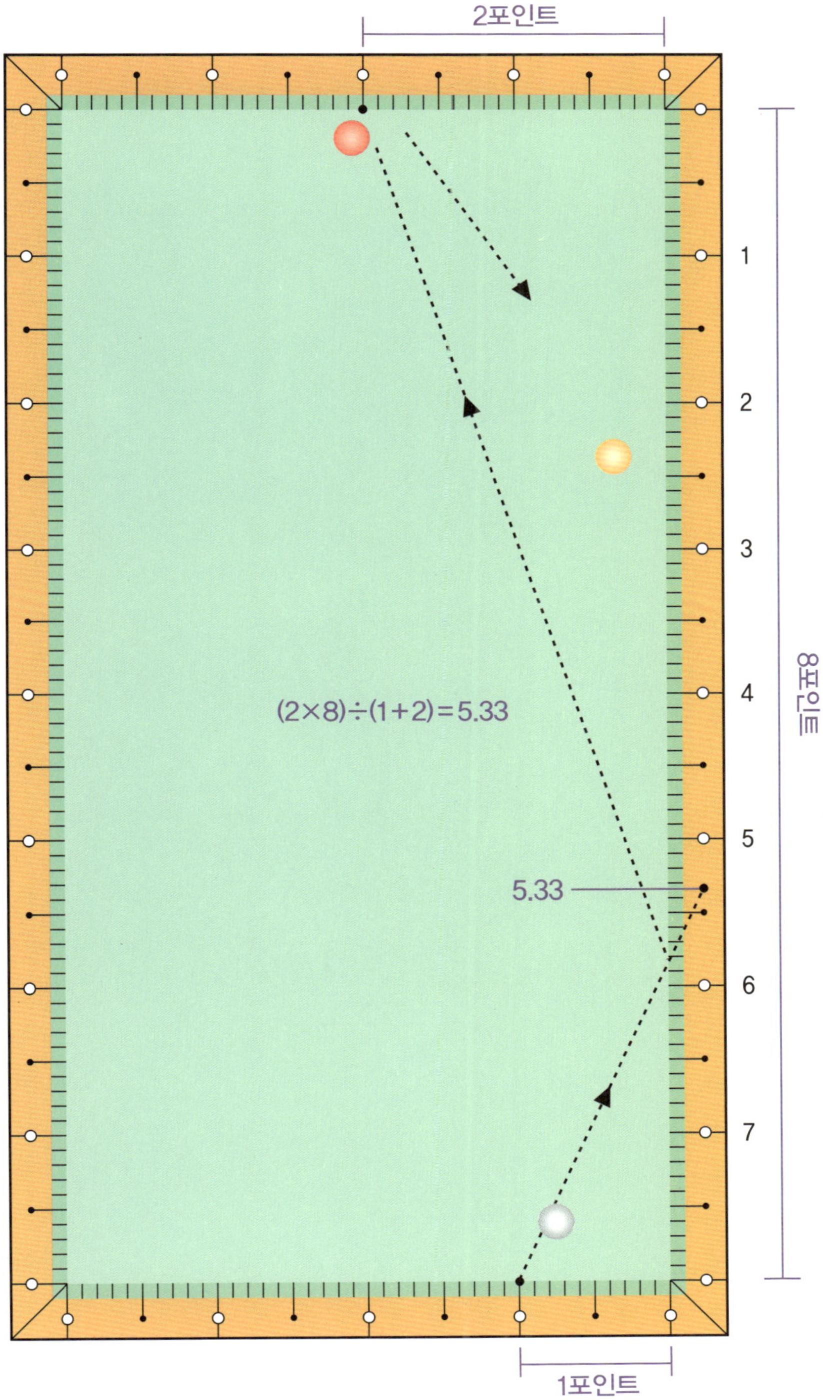

2포인트

8포인트

$(2×8)÷(1+2)=5.33$

5.33

1포인트

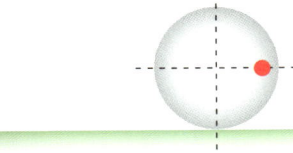

〈그림 353〉

END RAIL

Billiard ATLAS Chapter 5

몇 가지 노하우
How To

이 장에서는 실전에 자주 등장하는 몇 가지 샷을 수집해 놓았다. 『빌리어드 아틀라스』의 원칙은 상호 연관성 있는 샷들에 대한 정보를 제공하는 것이다.
이 장을 통해 여러분은 대회전 샷에서 키스를 피하는 방법을 배우게 될 것이다.
원쿠션 걸어치기(Wow Shot)는 잘 시도하지 않는 샷인데, 한번 성공시키고 나면 스스로 뿌듯해 질 것이다. 두 눈이 다 휘둥그레질 것이다.
벽의 한 지점(Spot-On-The-Wall)은 더 많은 연구가 필요한 부분이다. 이 장에서 소개한 내용은 다양한 샷에 확장시켜 적용할 수 있다. 득점력을 높이는 데 많은 도움이 될 것이다.
평행이동(Paralleling)법과 거울 효과(Mirror-Mirror) 또한 이 장에서 소개하고 있는 환상적인 시스템들이다.
기본 다이아몬드 시스템(Basic Diamond System)에 대해서도 다시 고찰해 보았다. 따뜻하게 관리된 당구대, 압축된 쿠션, 그리고 잘 미끄러지는 공에 대해서는 더 많은 정보가 필요한데, 여기에 빨리 적응할 수 있는 최상의 방법을 한두 가지 소개하고 있다.
수구의 움직임에 관한 기술적인 자료도 포함하고 있다. 1적구를 정확한 두께로 맞추기 위해서 반드시 숙지해야 할 사항이다.

- 키스 피하기
- 평행이동법 투쿠션 걸어치기
- 벽의 한 지점
- 앞 페이지에 이어서
- 수구의 좌우 움직임
- 원쿠션 걸어치기
- 거울 효과
- 기본 다이아몬드 시스템
- 큐의 정렬
- 당점

키스 피하기
Miss-A-Kiss-A-Day

▶ 이 페이지에서는 대회전 샷에서 키스를 파악할 수 있는 가장 쉬운 방법에 대해 소개하고 있다. 대회전 샷은 물론 거의 모든 게임에서 등장한다.

▶ <그림 354>에서 수구를 대회전시키려고 하는데, 키스는 다음과 같은 형태로 피할 수 있다.

▶ 수구가 코너X에 도달했을 때 1적구는 B에 위치시켜야 한다.

▶ 물론 대회전에는 다양한 배열이 등장하지만, 1적구를 장축과 수직으로 보내 놓는 것이 키스를 피할 수 있는 적절한 방법이다.

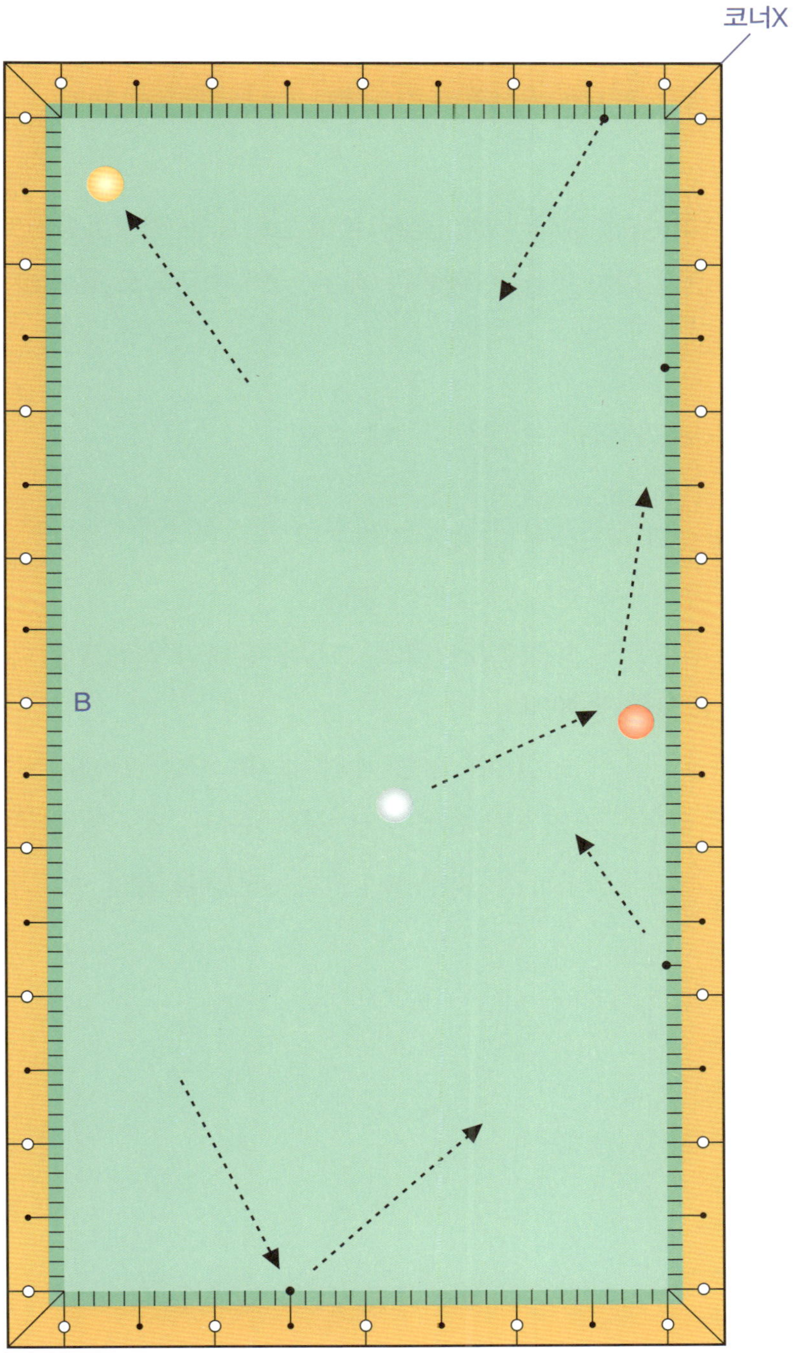

코너X

B

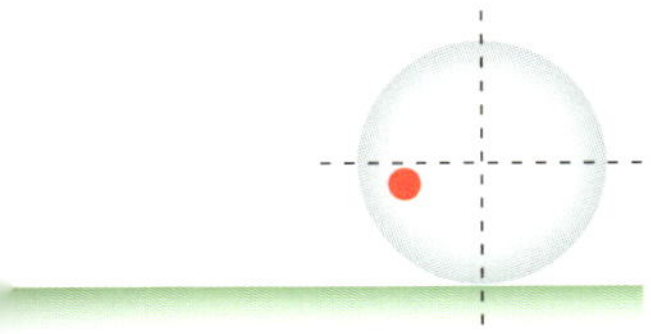

<그림 354>

원쿠션 걸어치기
Wow Shot

▶ 〈그림 355〉에서는 까다로운 초이스에 대해 설명하고 있다. 이 배열에서 원쿠션 걸어치기 샷은 확률이 매우 낮아 보이므로 좀처럼 시도하지 않을 것이다.

▶ 그래도 조금만 모험을 감행해 보자.

▶ 이 샷의 테크닉은 다음과 같다.
- 큐의 뒷부분을 살짝 들어 준다.
- 수구의 당점은 중하단이며, 그립은 손바닥 전체로 감싸고, 빠른 잽 스트로크를 적용한다.
- 그립을 쥐는 압력은 상황마다 다르며, 약간 앞쪽을 쥔다.
- 1적구는 거의 다(1/1) 맞추되, 공과 쿠션을 동시에 맞춘다.
- 득점에 성공하면 '와(Wow)~' 하는 탄성을 들을 수 있을 것이다.

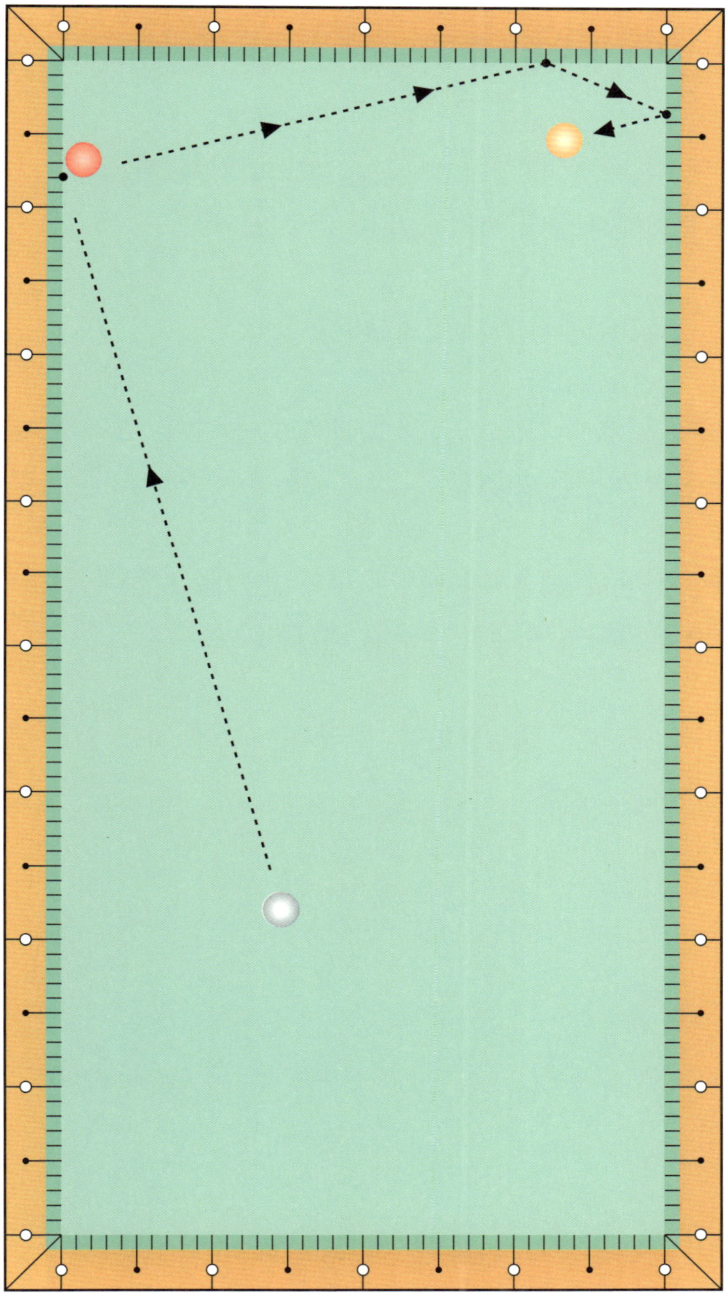

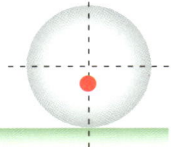

〈그림 355〉

HOW TO 117

평행이동법 투쿠션 걸어치기
Paralleling

▶ 평행이동법은 잘 알려지지 않은 방법이지만 종종 유용하게 쓰일 때가 있다. 이 기회에 확실히 숙지해 두는 건 어떤가?

▶ 〈그림 356〉에서 자세히 소개하고 있다.

▶ 수구와 2쿠션 지점의 중간 지점(A)를 찾아라. 그리고 A로부터 코너로 향하는 가상의 선을 그어라.

▶ 가상의 선을 평행이동시켜 수구와 겹치는 지점에 큐를 겨냥하라. 이 선이 장축과 만나는 지점이 수구의 겨냥점이 된다.

▶ 수구의 당점은 중상단이며, 브리지는 짧게 하고 팔로-스루 스트로크를 사용하라.

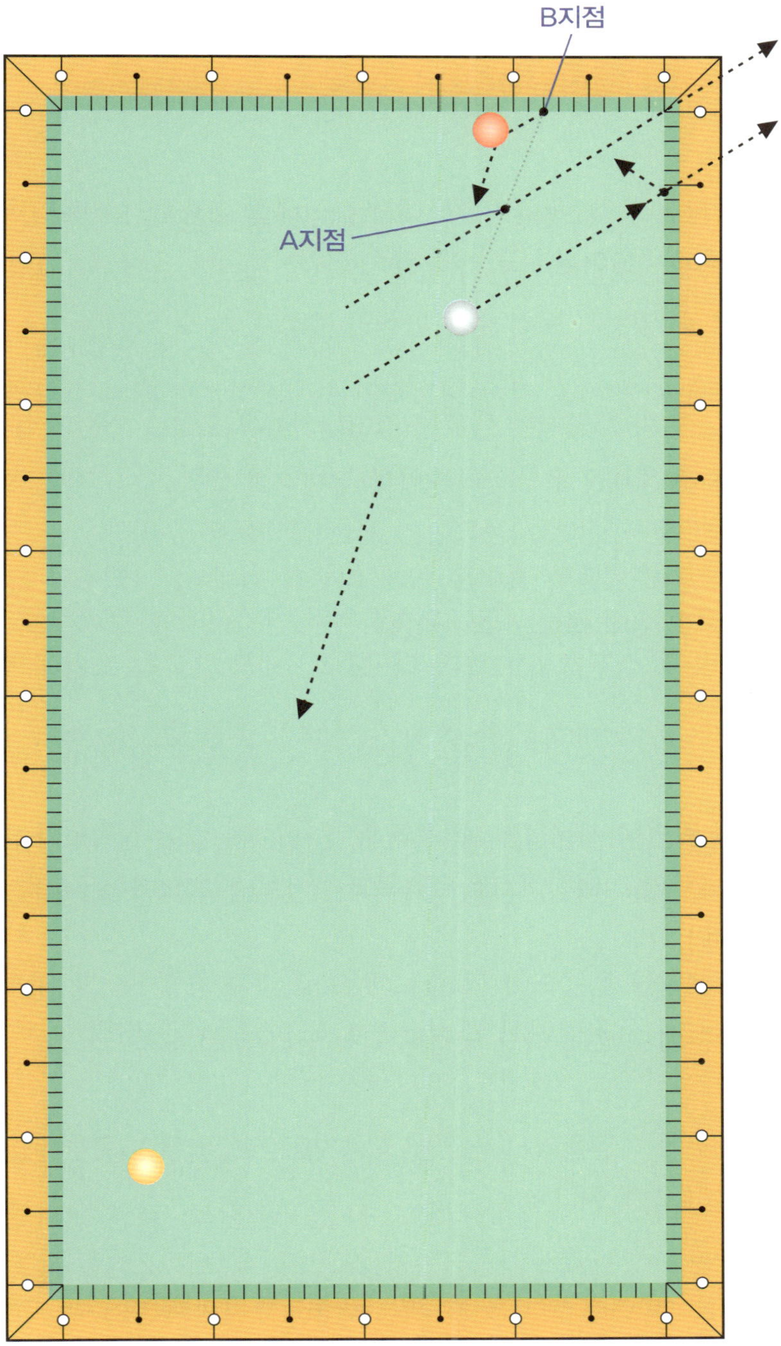

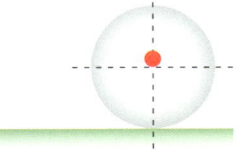

〈그림 356〉

거울 효과
Mirror, Mirror

▶ 대부분의 선수들이 이 간단한 테크닉을 사용하지 않는다는 사실이 놀라울 따름이다. 오른쪽 그림의 샷은 몇 가지 정보만 습득하면 얼마나 쉽게 공을 풀어 낼 수 있는지 보여 주는 단적인 예라고 할 수 있겠다.

▶ <그림 357>에서는 원쿠션 걸어치기를 시도하고 있는데, 1적구를 얇게 맞추고 난 후 코너X 부근으로 수구를 보내려고 한다.

▶ 1적구의 오른쪽 측면을 얇게 맞추기 위해서는 1적구의 왼쪽 측면을 얇게 맞출 수 있는 두께로 겨냥하라.

▶ 거울 효과(mirror effect)가 이 샷에서 적용되는 것이다.

▶ 이 방법을 사용하면 1적구의 두께 조절에 있어 정확도가 많이 향상될 것이다. 1/4두께도 마찬가지로, 1적구의 반대쪽 측면의 1/4두께를 겨냥하고 타구하면 된다.

▶ 수구의 진로에 따라 당점은 각각 달라질 것이다.

▶ 수구에 노잉글리시 당점을 적용하여 부드럽게 때렸을 때만이 입사각과 반사각이 같게 된다

▶ 단, 쿠션에서 수구의 회전이 살아나거나(running cue ball english) 슬라이드가 심한 당구대의 경우 목적구의 두께에 변화가 생긴다.

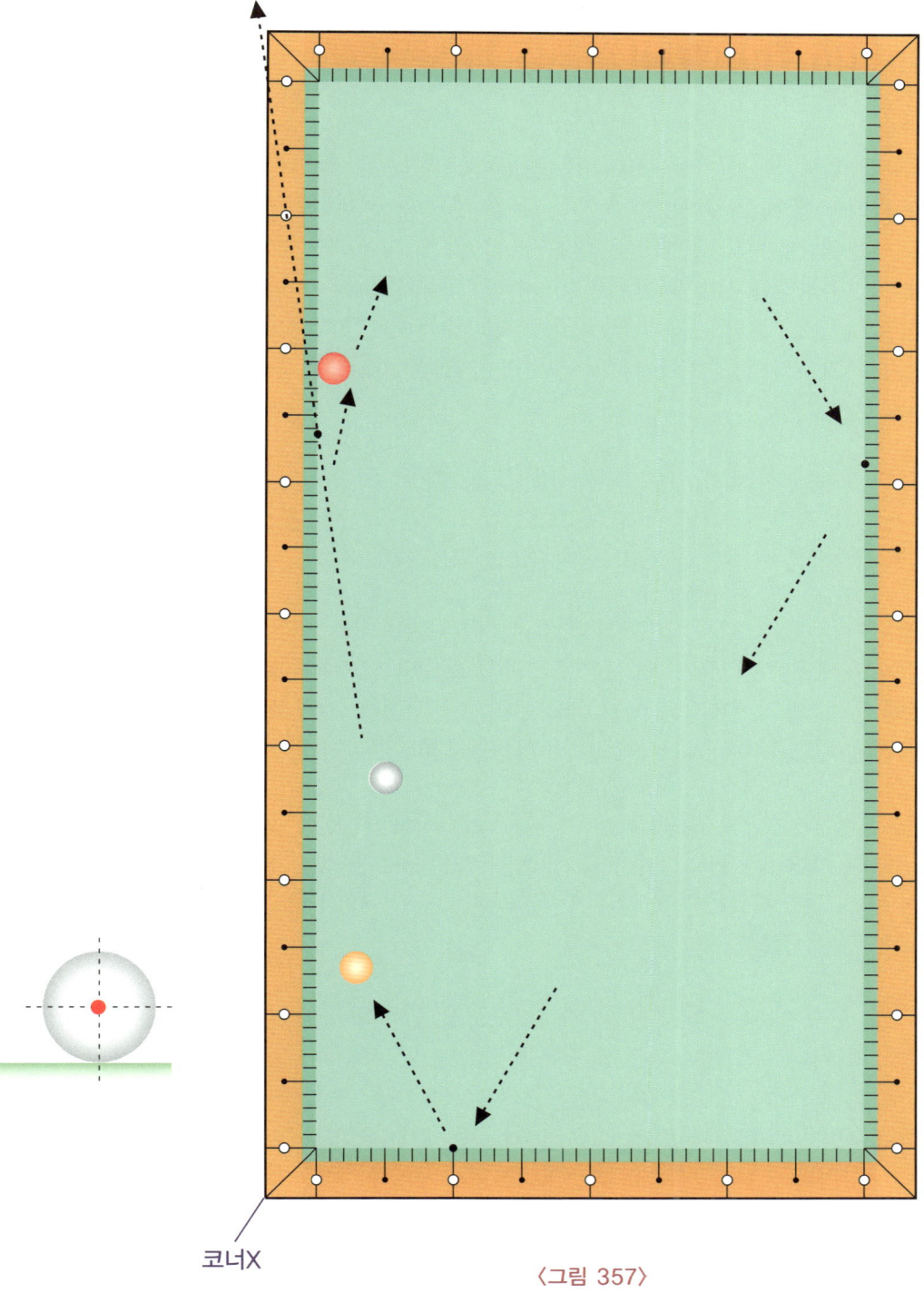

코너X 〈그림 357〉

HOW TO 121

벽의 한 지점
Spot On The Wall

▶ 당구대 위를 지나는 수구의 기준 선을 암기했다면, 직면한 공을 풀어내는 데 이 지식을 활용할 수 있어야 한다. 우선 수구의 전체적인 진행 방향을 파악해야 하는데, 수구가 진행하는 선을 가장 쉽게 계산하는 방법이 바로 벽의 한 지점을 이용하는 것이다. 다만 이 방법은 **3쿠션 돌리기**에만 적용된다는 점에서 한계가 있다. 또한 가상의 지점까지의 거리가 정확해야 한다. 당구대 너머에 위치한 가상의 한 지점과의 거리는 수구의 시발점과 1쿠션 지점까지의 거리와 동일하다.

▶ <그림 358, 359>에서는 아주 간단하게 배울 수 있는 수구 진로 파악법을 소개하고 있다. 공략할 샷을 초이스했다면 수구의 진로를 예측하여 1쿠션 지점을 정하라. 이 지점을 S라고 하자(<그림 358>).

▶ 1적구의 존재를 잠시 잊고 코너X에서 빈쿠션치기를 한다고 가정해 보자. 가상 수구가 위치한 코너X에서, 1쿠션 지점을 지나 당구대에서 8피트(2.4m) 너머에 있는 벽의 한 지점(A)을 바라보라. 이 지점을 기억하자. 이제 다시 원래의 배열로 돌아가, S에서 벽의 한 지점을 향해 겨냥하라.

▶ 기준선을 이용하여 수구의 진로 A를 측정하라(기준선은 당구대에서 미리 테스트해 두었어야 한다). 수구를 원하는 방향으로 움직이게 하기 위해서는 짧은 브리지를 사용하면서 수구의 뒷부분을 살짝 들어 주어야 한다. 빠른(잽) 스트로크를 적용하라.

▶ <그림 359>에서는 빈쿠션치기를 시도하고 있는데, 과도한 롱앵글이 문제가 된다. 여기서도 마찬가지로 당구대를 미리 테스트하여 기준선을 파악해 두어야 하는데, 그림에 이용되는 선은 B선으로, C에서 출발하여 득점으로 연결시킬 수 있는 완벽한 선이다. 하지만 수구는 T에 위치하고 있으므로, B선을 1쿠션 지점을 지나 당구대에서 10피트(3m) 떨어진 벽의 한 지점까지 연장시켜라. 그리고 T에서 이 지점을 향해 겨냥하라. T에서 당구대의 끝(1쿠션 지점)까지의 거리와 1쿠션 지점에서 벽의 한 지점까지의 거리는 동일하다.

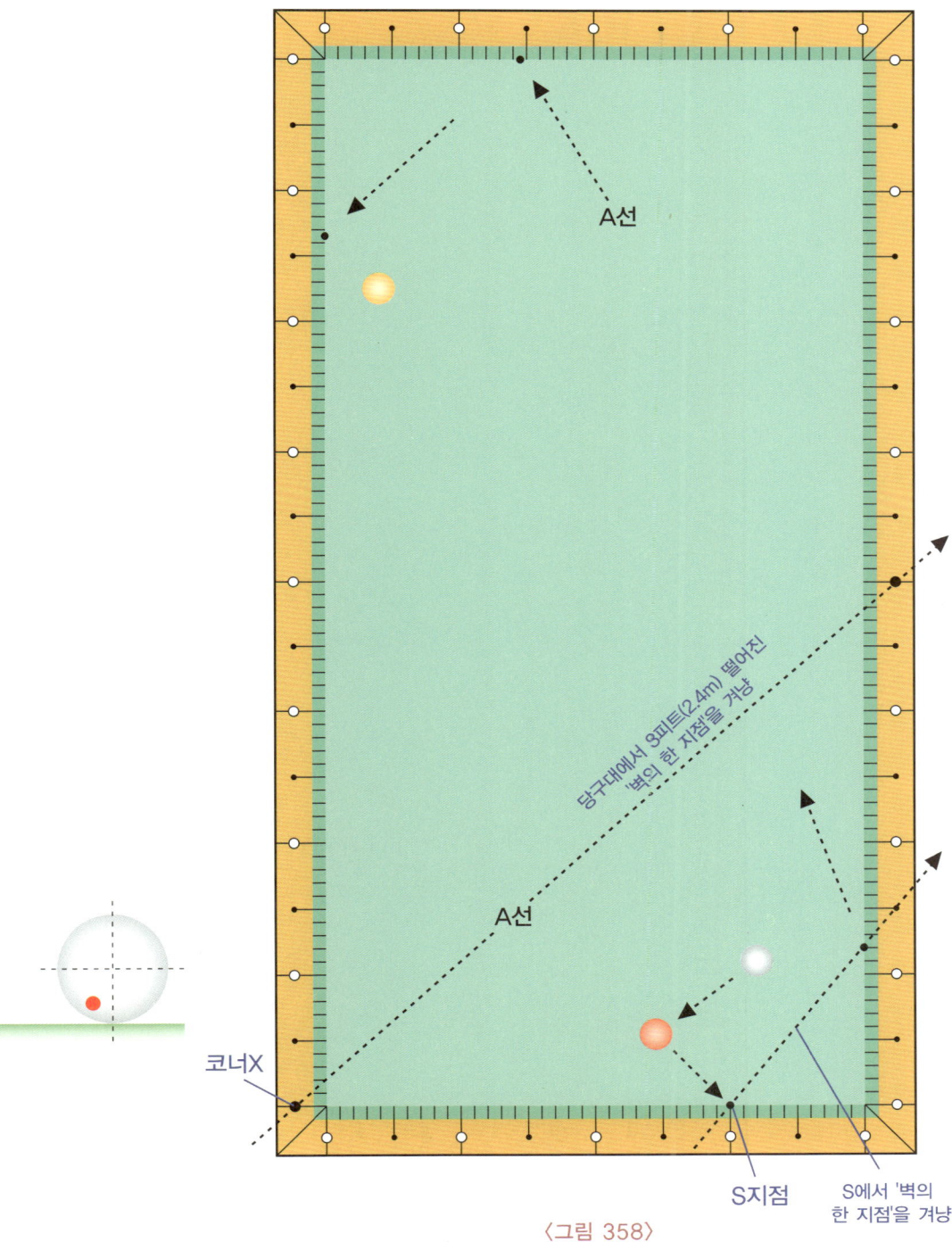

〈그림 358〉

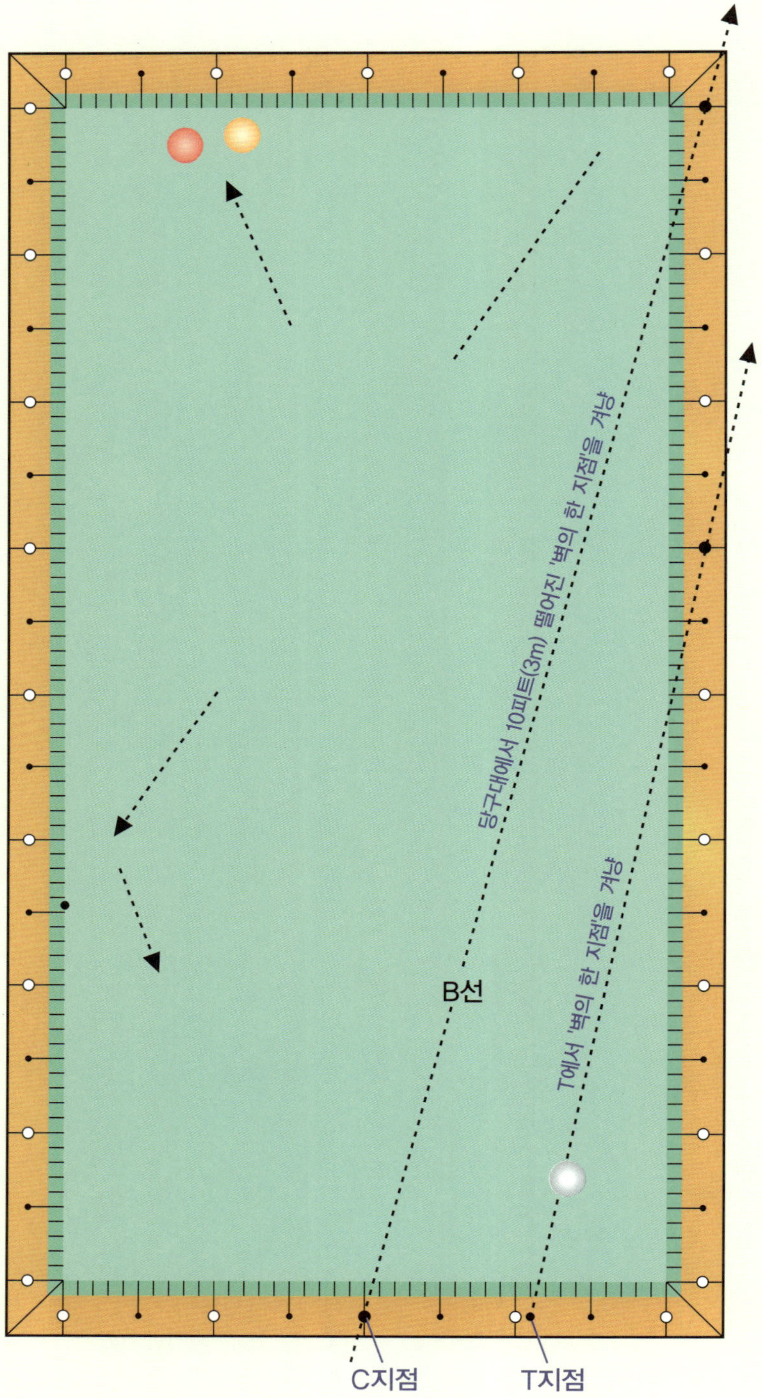

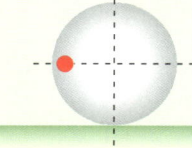

〈그림 359〉

기본 다이아몬드 시스템
Basic Diamond System

▶ 따뜻하게 관리된 당구대, 매끄러운 천과 미끌미끌한 당구공, 압축된 쿠션의 등장으로 인해 최근 선수들은 슬라이드(미끌림)가 많고 공과 쿠션의 분리각이 큰 당구대에서 경기를 펼친다. 수구의 속도 역시 매우 중요한 요소로 작용하는데, 수구의 속도가 빨라질수록 각은 더 **커지기**[2] 때문이다. 따라서 기본 다이아몬드 시스템이 그리는 선은 바뀔 수밖에 없으며, 이는 다른 시스템도 마찬가지이다. 『빌리어드 아틀라스 1권』 97~145쪽에서 소개한 선들은 대부분의 당구대에서 적용 가능하지만, 슬라이드가 심한 당구대의 경우에는 숫자를 새로 부여해야 한다. 또한 사전에 당구대를 테스트하여 수구의 속도가 빨라질 경우의 진로에 대해서도 염두에 두어라. 책에서 소개한 원리와 오차 조정법은 항상 적용 가능하다.

▶ 당구대의 천을 새로 교체한 후 곧바로 시스템을 적용하려고 끙끙거리지는 마라. 하루나 이틀 정도 기다려야 한다. 물론 프로 선수들은 쿠션을 교체한 지 3시간 만에 완벽하게 적응할 수 있다. 조금 혼란스럽겠지만, 프로 선수들은 위와 같은 당구대 상태에서 매주 연습하기 때문에 가능하다. 일단 여러분이 숙지하고 있는 모든 시스템의 선(조단선, 역회전 선 포함)을 파악하라. 이 과정이 끝나면 새로운 당구대에서 수구의 진로에 대한 해답이 나올 것이며, 여러분은 희열을 느낄 수 있을 것이다. 쿠션과 천의 나이에 따라 수구의 진로를 수정하라.

▶ 기본 다이아몬드 시스템을 적용하는 방법에는 몇 가지가 있는데, 모두가 다 복잡하다. 어떤 선수들은 수구의 당점을 수구 수에 따라 모두 달리한다. 어떤 선수들은 수구의 회전력을 최소화하려고 하며, 또다른 선수들은 맥시멈 당점을 부여하여 쿠션에서 회전력을 극대화하려고 한다. 역사적으로 가장 널리 사용된 시스템은 코너 파이브(Corner Five) 시스템이었다. 즉 수구의 시발점이 단축에 위치할 경우, 마치 단축이 장축의 연상선상에 있는 것처럼 장축의 숫자가 코너를 돌아 단축으로 그대로 이어진다. 물론 이는 **실제와 다르다.** 바로 이 과정에서 시스템 창안자들은 자신들이 지정한 숫자에 맞추기 위해 수구의 당점을 변화시켰다. 문제는 너무나 많은 선수들이 수구의 당점은 그대로 두면서 단축의 숫자는 당연하게 받아들인다는 것이다.

---

[2] 수구의 입사각이 45도 이상일 경우 속도가 빠를수록 각은 더 커지고, 45도 이하일 경우 속도가 빠를수록 각은 짧아진다.

앞 페이지에 이어서
More Diamonds

▶ 필자는 『빌리어드 아틀라스』를 통해 기본 시스템은 장축을 중심으로 기능하며, 여기에 더해 장축을 당구대 바깥으로 연장시킨 가상 장축을 이용하는 것이 시스템의 원리라고 주장했었다.

▶ 이 방법을 통해 독창적이고 정확하며 다양하게 이용할 수 있는 시스템을 구축했으며, 각각의 경우마다 수구의 당점을 표준화하여 적용하였다.

▶ 플러스 시스템(Plus System)의 경우 몇몇 사람들은 수구의 시발점에 따라 단축의 숫자가 달라지도록 설계했는데, 이 경우 수구 수마다 다른 단축 수가 적용되므로 사용하기 불편하다.

▶ 하지만 『빌리어드 아틀라스 1권』에 소개한 플러스 시스템의 경우 모든 수를 하나로 단순화시켰다. 이 시스템이야말로 현재 널리 사용되는 복잡한 시스템보다 더 쉽게 사용할 수 있는 시스템의 전형적인 예가 될 것이다.

▶ 몇몇 시스템은 상당히 복잡하기에 방대한 자료를 암기해야 한다. 고로 시스템을 선택하기 이전에 철저한 검증이 선행되어야 한다. 만일 검증 과정에서 정확하지 않은 것으로 밝혀지면, 그 시스템을 버리고 다른 시스템을 사용하라. 물론 추가적인 연구에는 시간이 소모되겠지만, 한번의 선택이 당구 인생 전체를 좌우할 것이다.

▶ 시스템과 테크닉 연구의 정수는 레이몬드 클르망 선수의 저서인 『마스터 100』에 압축되어 있다. 이 책의 내용을 습득하려면 깊이있는 연구와 고품질의 장비가 필요하다. 『마스터 100』은 몇 가지 언어로 번역되어 있는데, 물론 영문판도 존재한다. 하지만 구하기가 쉽지 않다.

큐의 정렬
The Preacher On Hitting Accurately

- 오른손을 사용하는 선수들은 종종 큐가 바깥쪽에서 안쪽으로 향하는데[3], 이 경우 노잉글리시 샷에서 약간의 스쿼트(Squirt)가 일어난다. 이를 체크해 보고 싶다면 수구에 중하단 당점을 적용하여 1적구까지 미끄러뜨려(Skid) 보라. 만약 큐가 정렬되었다면 수구는 겨냥한 지점으로 곧잘 진행할 것이다. 필자의 경우는 그렇지 못했기에, 타격점을 살짝 조정할 수밖에 없었다. 만약 스트로크가 왼쪽으로 쏠리는 경향이 있다면 오른쪽 발을 조금 더 뒤로 빼고, 오른쪽으로 쏠리는 경향이 있다면 조금 더 앞으로 전진시켜라.

- 스쿼트 현상에 대해서는 아직 근본적인 해답을 제시하지 못하고 있지만, 일반 큐보다 가는 포켓볼 큐에서 스쿼트가 더 심하게 일어난다는 사실은 실험을 통해 밝혀진 바 있다.

- 큐팁이 수구를 정확히 타격하지 못했을 때는 필연적으로 미스샷이 발생한다. 미스샷은 대부분 결단력 부족에서 기인한다. 시간적 여유를 갖고 자신감있게 초이스하라. 마지막 순간에 수구의 당점을 바꾸고자 한다면, 큐팁이 수구를 타격하는 지점부터 목적 지점까지 곧게 정렬되어 있는지 확인하라. 만일 큐가 평행을 이루지 못하고 뒷부분이 살짝 들려 있다면 수구를 잘라 먹게 된다. 이처럼 큐를 당구대와 평행하게 유지한 채 팔로-스루로 스트로크하지 못하는 것은 대부분의 선수들이 가진 문제점이다. 또한 수구에 과도한 당점을 적용할 경우 오른쪽 혹은 왼쪽으로 진로가 틀어질 것이다.

- 머리와 브리지는 고정시켜야 하며, 수구가 멀리 떠날 때까지 결코 움직이면 안된다. 샷을 엿보기 위해 머리를 움직일 경우 어깨가 따라 움직이게 되고, 결국 수구를 쥔 팔목과 큐팁까지 흔들리게 된다. 큐팁의 움직임이 아주 미세할 지도 모르겠지만, 반드시 에러가 나기 마련이다. 어떤 선수들은 마지막 시선을 수구에 두며, 어떤 선수들은 1적구에 둔다. 하지만 기본기를 잘 갖추고 있다면 마지막 시선 처리는 크게 중요하지 않다.

- 거의 모든 샷에서 수구의 당점은 중단 이하이다.

- 샷을 초이스할 때는 길게 치는 샷보다 짧게 치는 샷을 택하라. 짧은 샷이 더욱 정확하기 때문이다.

---

3 샷할 때 겨드랑이가 벌어진 경우, 큐가 일직선으로 향하지 못하고 몸 바깥에서 안쪽으로 향한다.

수구의 좌우 움직임
Cue Ball Side Movement

▶ 이 페이지는 수구의 디플렉션(꺾임)과 커브에 관한 것으로, 『빌리어드 아틀라스 2권』 113~115쪽에서 다룬 바 있다. 여기에서는 추가적으로 수구의 속도에 대해 언급할 것인데, 수구의 속도는 1적구 두께의 정확성과 많은 연관성이 있기 때문이다.

▶ <그림 360>에서는 겨냥점은 동일한데 수구의 속도를 달리함에 따라 수구의 좌우 움직임이 어떻게 달라지는지 3가지로 분류하고 있다. 각각의 경우 맥시멈 옆당점을 적용하였다.

▶ A는 강한 스트로크, B는 중간 스트로크, C는 부드러운 스트로크를 적용했을 때 나타나는 수구의 진로이다.

▶ 이 정보를 통해 에러를 조금이나마 더 줄일 수 있을 것이다. 수구의 속도가 강함-중간-부드러움에 따라 차이가 생긴다. 이제부터는 실전에 적용할 수 있는 두 가지 원칙을 소개하겠다.

▶ 길게 치는 샷의 경우 수구의 회전을 살려 '중간에서 부드러운' 속도로 스트로크하라. 수구의 속도를 이처럼 조정할 경우 수구의 커브와 디플렉션 현상이 상쇄될 가능성이 있다.

▶ 쇼트앵글 샷에서 회전을 살려 타구할 경우에는 '중간에서 강한' 스트로크로 샷하라. 수구에 커브가 일어나지 않을 것이며 두께도 더 정확해질 것이다.

▶ 프로 선수들은 아주 부드러운 속도로 샷하는 경우가 많은데, 수구에 옆회전을 뺀 채로 2적구를 맞추려 하기 때문이다. 속도가 느려질수록 2적구의 득점 범위는 커진다. 수구에 맥시멈 옆당점을 적용할 경우 1적구의 두께를 잘 조정하라.

▶ 큐를 평행하게 유지하면 수구의 커브는 줄어들 것이다.

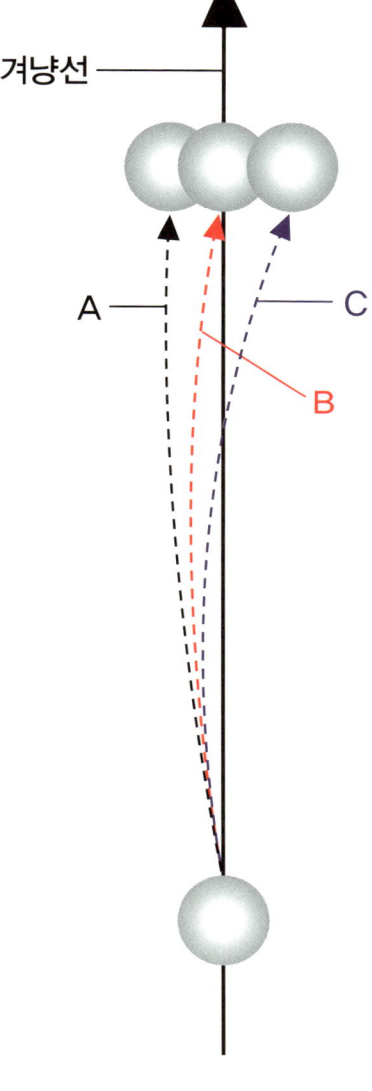

〈그림 360〉

당점
English

▶ 기량이 출중한 선수들도 종종 미스큐 범위(수구의 테두리 근처)의 당점을 적용하곤 한다.

▶ 이 문제에 관해 조금 더 명확히 하고자 한다. 〈그림 361〉에서는 수구의 팁이 타격하는 지점(당점)에 관해 나타내고 있는데, 맥시멈 회전을 발생시키는 부분은 수구 지름 80%의 안쪽이다. 80%의 바깥쪽을 타격한다 해도 수구의 회전이 증가하지는 않는다.

▶ 이 정보의 출처는 세계 정상급 선수중 한 명인 노부스키 고바야시 선수이다.

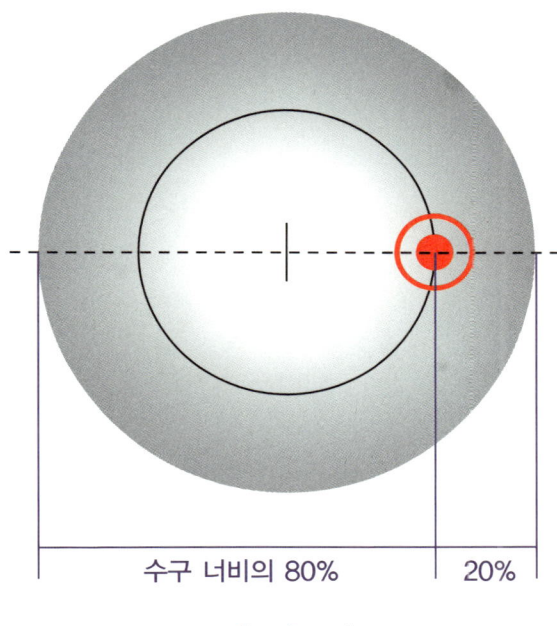

〈그림 361〉

Billiard ATLAS Chapter 6

쇼트게임
The Short Game

당구대의 절반 이내에 공 세 개가 모두 위치한 쇼트앵글 배열은 실전에서 자주 등장한다. 이렇게 좁은 구역 안에서 공을 다루는 법을 배우면 득점력이 제고될 뿐만 아니라 샷할 기회를 스스로 창출할 수 있게 된다.

바로 여기서 정상급 선수들은 빛을 발한다. 그들은 쇼트앵글 구역에서 일반 선수들보다 월등히 높은 샷 성공률을 자랑하며, 이는 곧 높은 에버리지로 이어진다.

이상천 선수에게 쇼트앵글 샷을 다루는 방법에 대해 질문했을 때, 그는 "쇼트앵글 샷을 풀어내는 방법에는 15가지가 있습니다."라고 대답했었다. 이 장에서는 9가지 공략법을 담고 있다.

새로 소개할 공략법에는 사우스 시스템(System-South), 럭키 파이브(Lucky-Five), 프로즌 쇼트(Frozen Short), 기리까시 시스템(Kirikaeshi System) 등이 있다.

『빌리어드 아틀라스』를 통해 이미 소개했던 중요 쇼트앵글 시스템들 중 볼 시스템(Ball System), 조이 시스템(Joey's System), 라이징 선(Rising Sun), 럭키 세븐(Luckt Seven)도 복습 차원에서 다시 짚어본다. 예전에 소개했던 시스템을 다시 소개하게 된 점 양해를 구한다. 독자 여러분이 쇼트앵글 시스템을 전체적으로 비교할 수 있도록 한 묶음으로 배열하는 것도 중요하다고 생각한다.

쇼트앵글 배열의 공을 득점으로 연결시키는 데 가장 중요한 요소는 바로 수구의 속도이다. 수구를 2적구 앞에 아주 부드럽게 떨궈놓는 것이 필수적이다. 이때 수구엔 거의 회전이 작용하지 않으며, 고로 2적구는 빅볼이 된다.

● 쇼트앵글   ● 프로즌 쇼트   ● 복습   ● 도달 지점 포착

쇼트앵글
Short Angles

▶ 이 장에서는 포지션 플레이를 염두해 두면서 쇼트앵글 샷을 공략하는 다양한 방법에 대해 소개하고 있다.

▶ 〈그림 362〉는 쿠션에서 수구의 회전력을 살려(running english) 1적구의 안쪽을 맞추는 쇼트앵글 샷으로, 사우스 시스템(System South)이 적용되었다.

▶ 이 그림은 18쪽의 〈그림 1〉과 흡사한데, 단지 좁은 구역에서 적용된다는 점이 다르다. 물론 같은 원리는 같다.

▶ 〈그림 363〉은 중간 정도의 쇼트앵글인데, 역시 수구의 회전을 살려서 치는 공이다.

▶ 이 그림에서는 76쪽에서 소개한 기리까시 시스템(Kirikaeshi System)을 사용하였다. 좁은 구역에서 사용되었다는 점을 명심하라.

▶ 〈그림 364〉에서는 아주 좁은 각에서 럭키 파이브(Lucky Five) 시스템을 적용한 것이다. 이렇게 좁은 각에서도 시스템을 적용할 수 있다는 사실이 놀랍지 않은가?

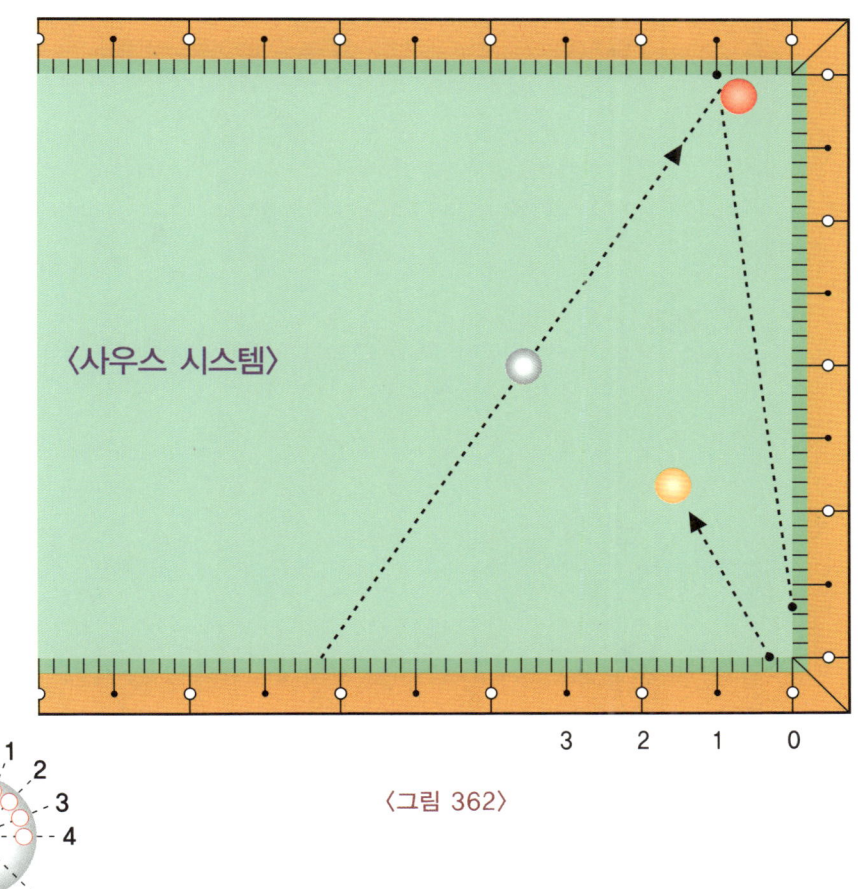

〈그림 362〉

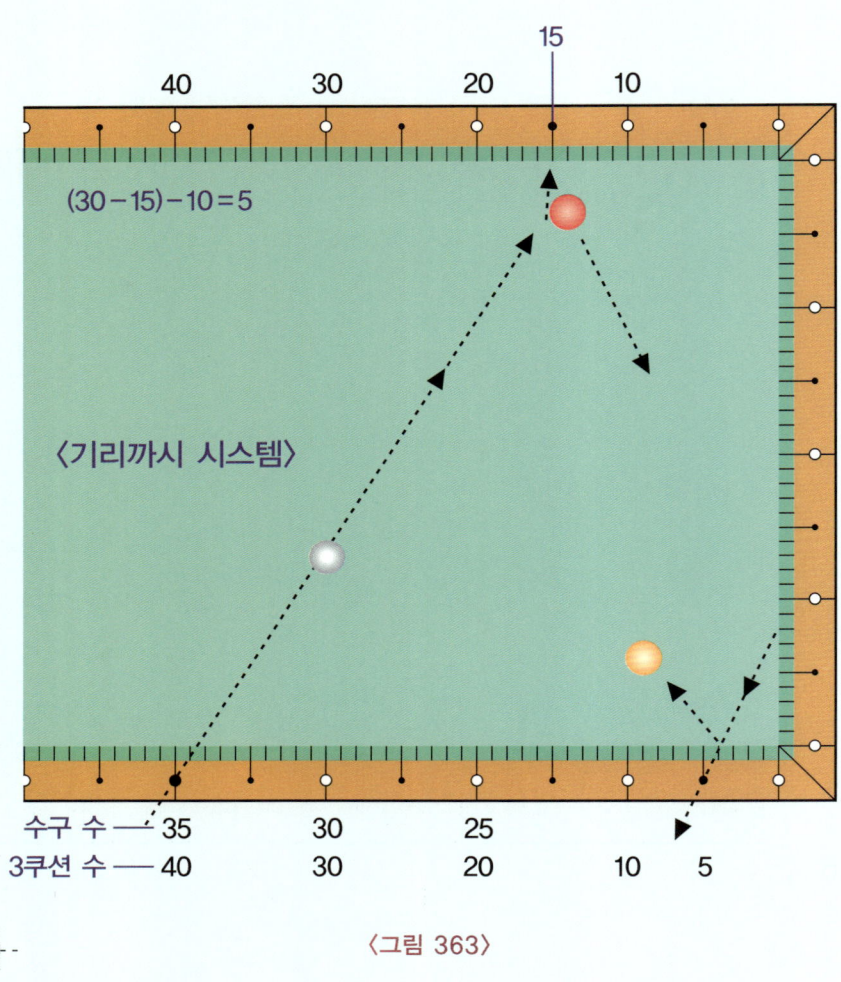

〈그림 363〉

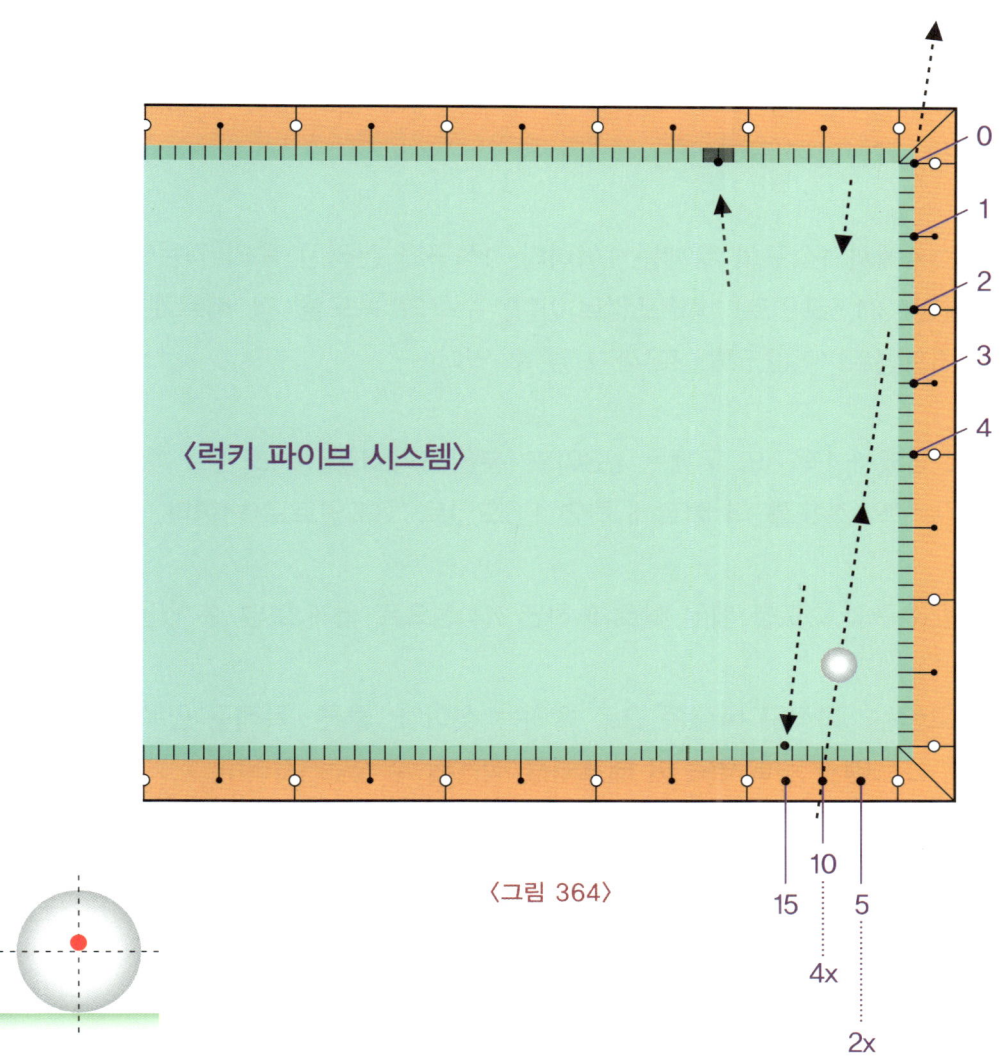

〈그림 364〉

THE SHORT GAME

프로즌 쇼트
Frozen Short

▶ 〈그림 365〉에서는 '진로 A'와 '진로 B' 두 가지를 소개하고 있다. 각각은 그림에 나타난 당점으로 빠르게 끊어쳤을 때의 진로이다. 0.5포인트를 기준으로 계산이 이루어진다.

▶ 진로 A에서 1적구의 두께는 1/4이다. 1적구와 분리된 후의 각은 삼각형의 비율인 3(1.5포인트) : 4(2포인트)이다. 수구의 속도를 더 빠르게 할 경우 3(1.5포인트) : 5(2.5포인트)까지 될 수 있다.

▶ 진로 B에서 1적구의 두께는 1/8이고, 분리각의 비율은 1포인트 : 2포인트이다. 수구의 속도를 더 빠르게 하면 1.5포인트 : 3포인트로 변한다.

▶ 만일 수구의 속도를 매우 빠르게 하면 X지점으로 쉽게 보낼 수 있을 것이다.

▶ 이 그림은 '목적구 바깥쪽'으로 돌리는 샷이다. 물론 '목적구 안쪽'으로 돌리는 쇼트앵글 샷에서도 이 테크닉을 적용할 수 있을 것이다.

▶ 몇 번 연습을 거듭하면 이 테크닉에 푹 빠져들 것이다.

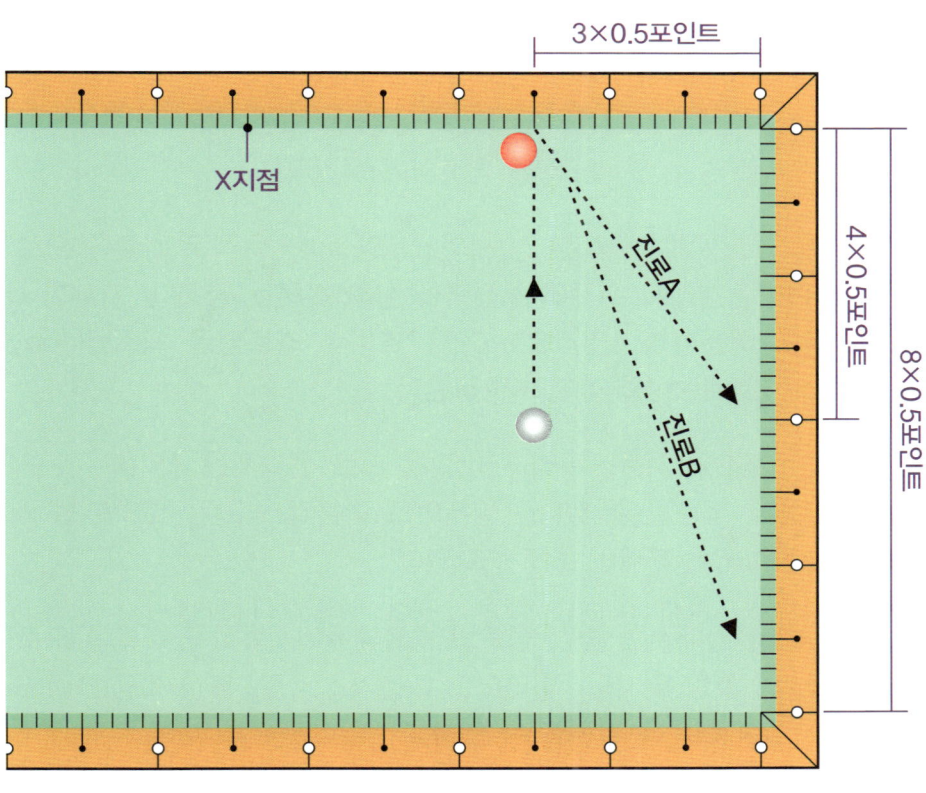
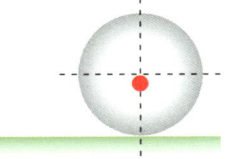

〈그림 365〉

THE SHORT GAME

복습
Short Review

▶ 이 페이지에서는 『빌리어드 아틀라스』에서 이미 소개했던 몇 가지 쇼트앵글 샷에 대해 복습해 보겠다.

▶ <그림 366>에서는 중간 정도의 쇼트앵글에 '목적구의 안쪽'으로 돌려치는 샷이다. 자세한 내용은 『빌리어드 아틀라스 2권』 22~25쪽 라이징 선 시스템(Rising Sun System)을 참고하기 바란다.

▶ <그림 367>에서는 중간 정도의 쇼트앵글에 '목적구 바깥쪽'으로 돌려치는 샷이며, 쿠션에서 수구의 회전력을 살려 샷하는 공이다. 자세한 내용은 『빌리어드 아틀라스 1권』 62~63쪽 조이의 쇼트앵글 시스템(Joey's Short Angle System)을 참고하기 바란다.

▶ <그림 368>에서는 '목적구 바깥쪽'으로 돌려치는 샷이며, 수구의 당점은 다양하게 적용할 수 있다. 『빌리어드 아틀라스 2권』 128쪽 볼 시스템(Ball System)에서 자세히 소개하고 있다.

▶ <그림 369>에서는 중간 정도의 쇼트앵글에 '목적구 바깥쪽'으로 돌려치는 샷다. 이 그림 역시도 『빌리어드 아틀라스 2권』 볼 시스템(Ball System)에서 자세한 내용을 확인할 수 있다.

▶ <그림 370>은 수구의 회전을 빼고 치는 샷이다. 『빌리어드 아틀라스 2권』 166~169쪽 럭키 세븐 시스템(Lucky 7 System)에서 데드볼의 진로를 계산하는 자세한 방법을 소개하고 있다.

▶ 이상의 9가지 시스템을 통해 다양한 쇼트앵글 샷을 풀어낼 수 있을 것이다. 이 모두를 연마하려면 몇 달 간의 연습이 필요하겠지만, 여러분의 향상된 공격력에 상대방은 깜짝 놀라게 될 것이다.

▶ 위의 지식을 결여한 상태에서는 쇼트게임 능력이 향상될 수 없다.

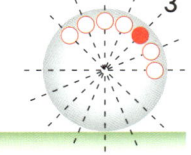

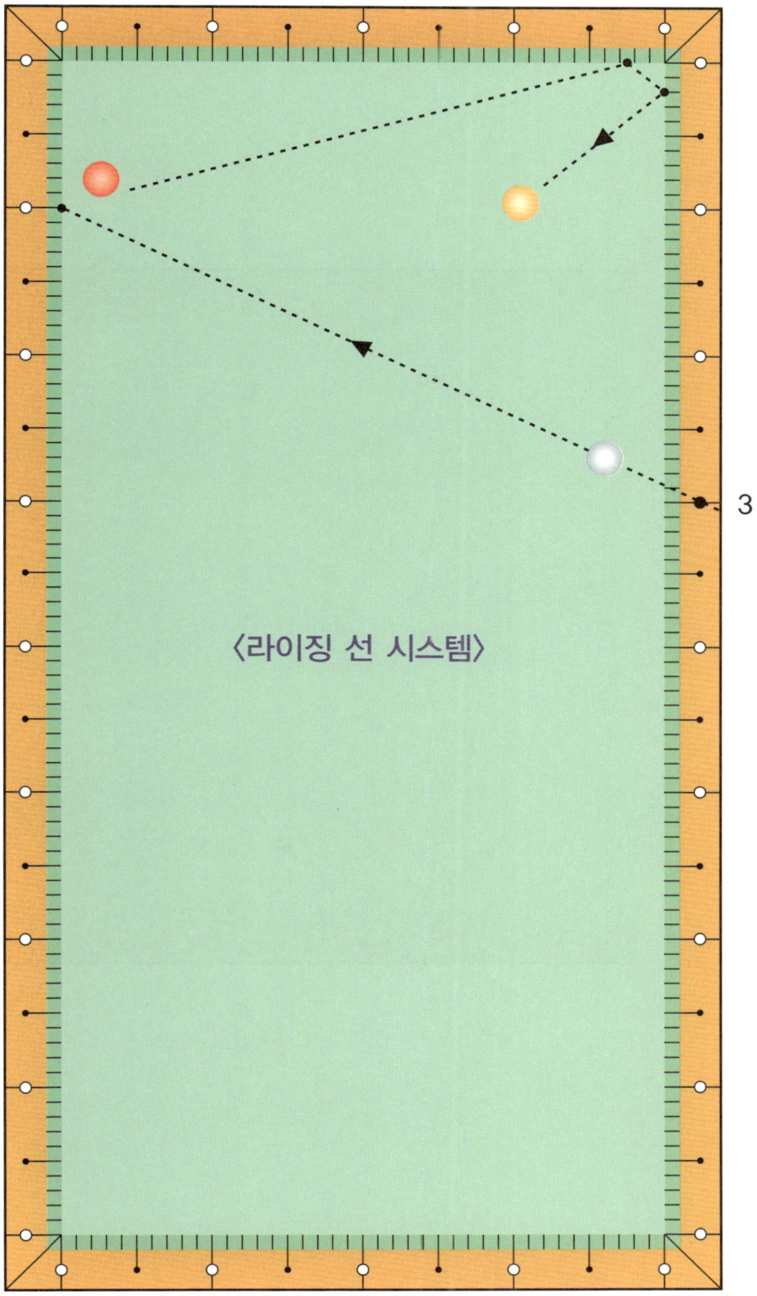

〈라이징 선 시스템〉

〈그림 366〉

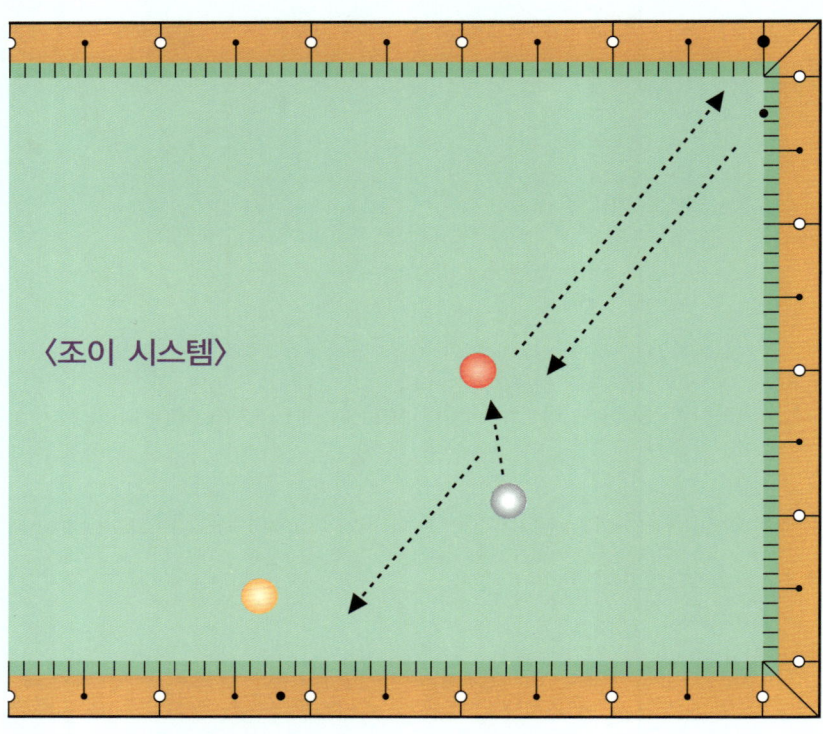

〈조이 시스템〉

〈그림 367〉

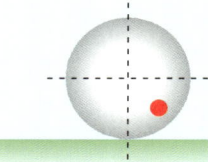

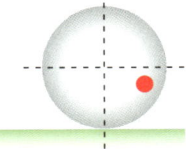

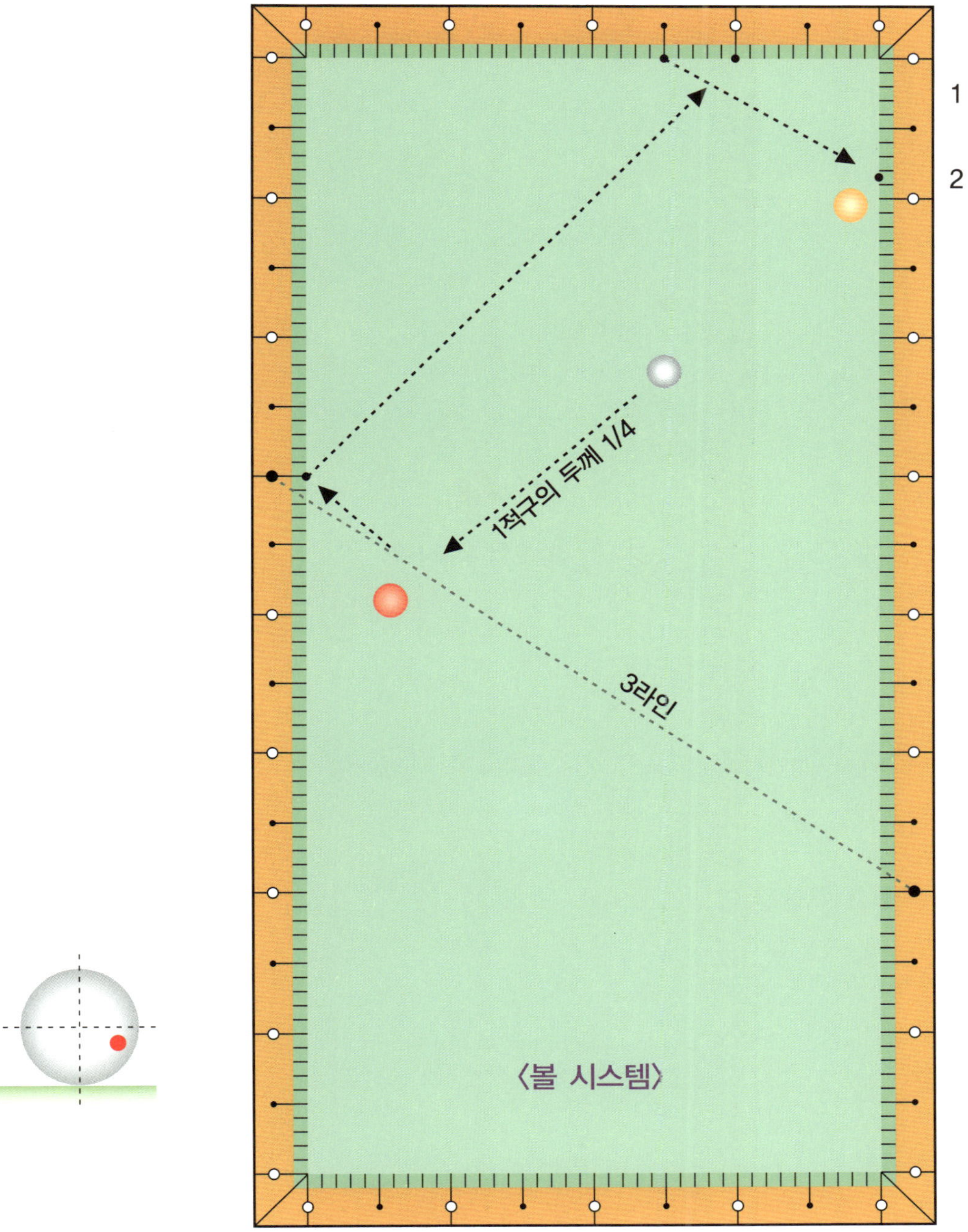

〈그림 368〉

THE SHORT GAME

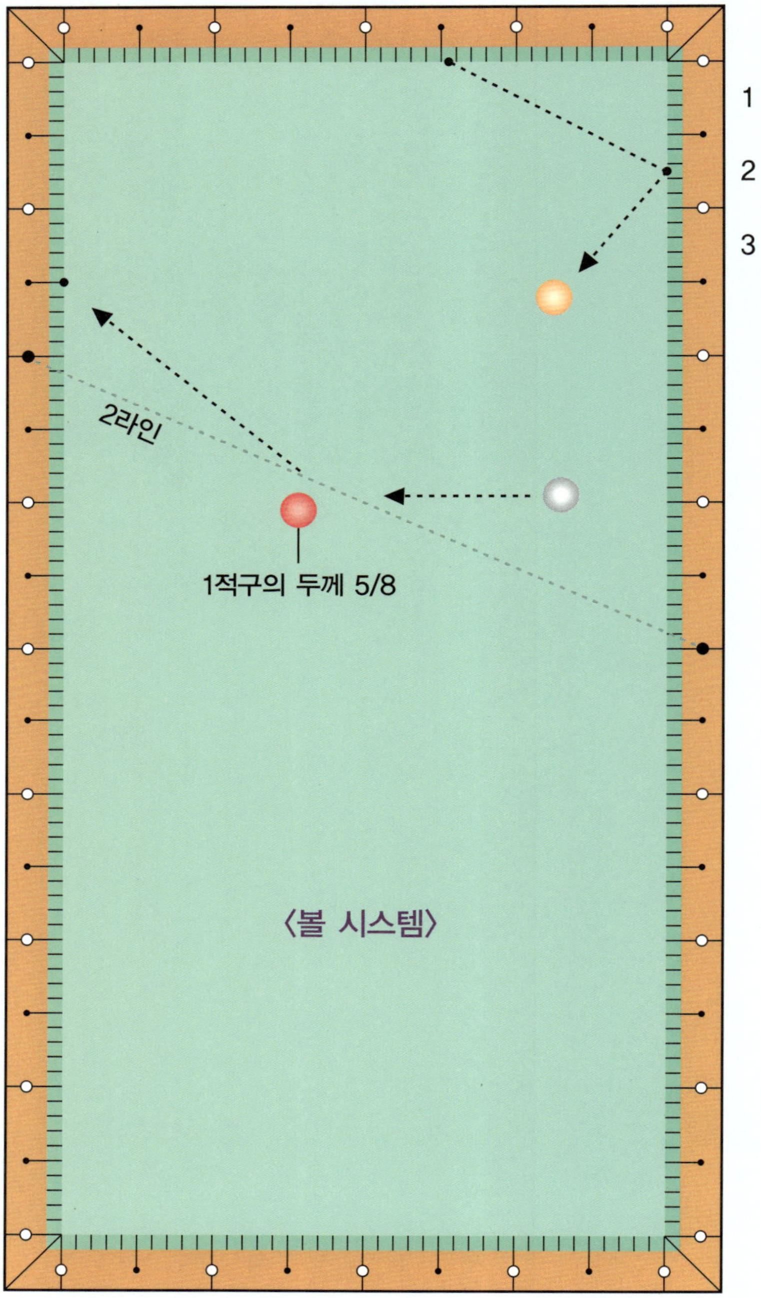

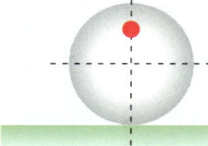

2라인

1적구의 두께 5/8

〈볼 시스템〉

1
2
3

〈그림 369〉

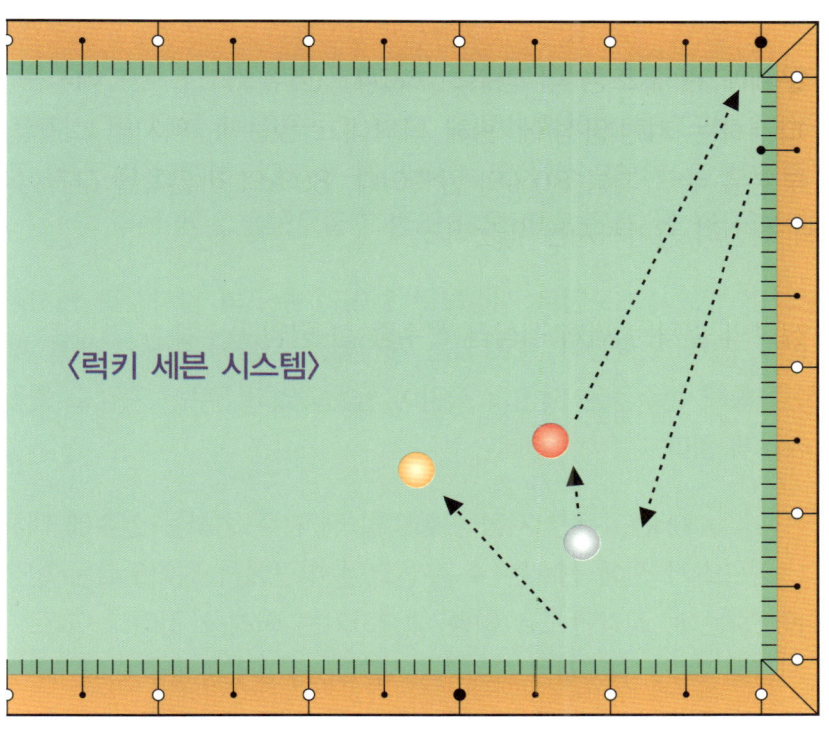
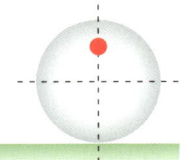

〈그림 370〉

THE SHORT GAME 145

도달 지점 포착
Spot Check

▶ 감각을 통해 3쿠션 지점을 파악하는 것은 훌륭한 방법 중 하나다. 여러분은 무의식적으로 수구의 당점과 속도를 조절할 것이다. 하지만 그만큼 3쿠션 지점에 오차가 생길 확률도 높다.

▶ 〈그림 371〉과 같은 배열의 공이 등장하면 여러분은 감각적으로 3쿠션 지점이 3포인트 정도임을 알아챌 것이고, 이곳이 목표점이 될 것이다. 이는 교육을 통해 습득한 감각이자, 경험에서 우러나온 것이다. 하지만 이 샷을 자세하게 분석해 보면 공 한 개 정도의 오차 조정이 필요함을 알게 된다.

▶ 선수라면 반드시 3포인트 지점으로 걸어가 수구의 입사각과 반사각을 확인해야 한다. 그리고 자신이 알고 있는 계산법을 사용해 수구의 선을 체크한다. 이 과정을 통해 선수들은 자신의 직감이 잘못되었고 3쿠션 지점도 틀렸다는 사실을 깨닫게 된다.

▶ 〈그림 372〉에서는 1쿠션 지점을 선택할 때 자주 범하는 실수에 대해 소개하고 있다. 엎드리기 전에 선수는 수구가 코너 부근에서 튀어오르는 현상을 염두해 두어야 하는데, 감각만으로 이를 해결하기는 어려울 것이다. 고로 정확한 1쿠션 지점을 찾기 위해서는 조이 시스템(Joey's System)이나 볼 시스템(Ball System)을 반드시 사용해야 한다. 벽의 한 지점 테크닉도 사용해 볼 수 있다.

▶ 모든 샷에서 마지막 쿠션 지점으로 걸어가 확인하라. 여러분의 감각이 판단한 지점과 비교해 보는 것은 좋은 연습이 될 것이다. 세계 정상급 선수들의 경기를 보면 그들은 항상 마지막 쿠션 지점을 체크한다는 사실을 알게 될 것이다.

▶ 댄 시걸(Dan Segal) 선수는 항상 당구에 관해 연구하는데, 샷을 계산하는 흥미로운 방법을 고안해 냈다. 〈그림 371〉에서 음영 처리된 부분을 수구의 시발점이라 가정하고, 그 지점에서부터 득점에 필요한 수구의 당점, 속도, 스트로크를 정한다.

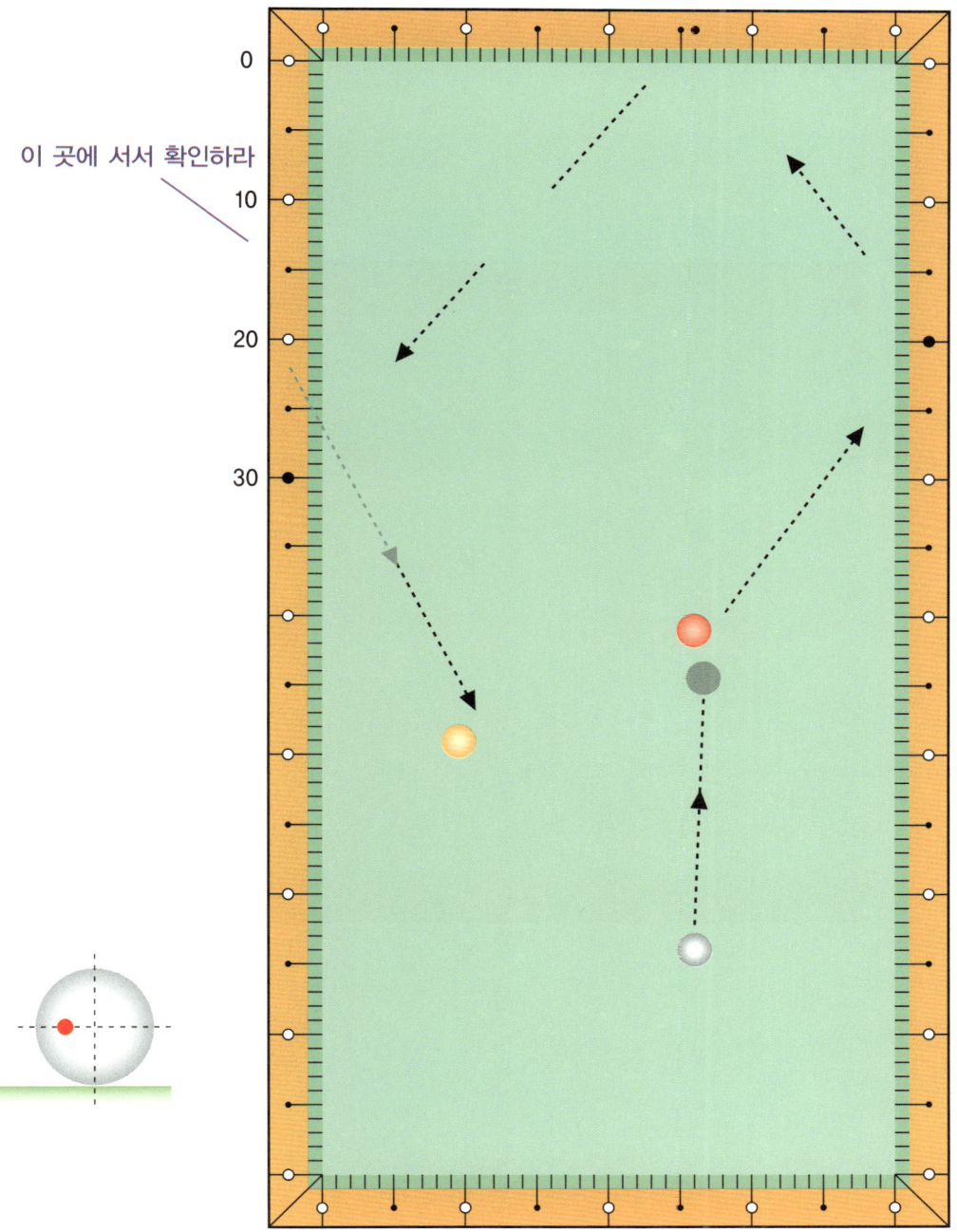

〈그림 371〉

THE SHORT GAME

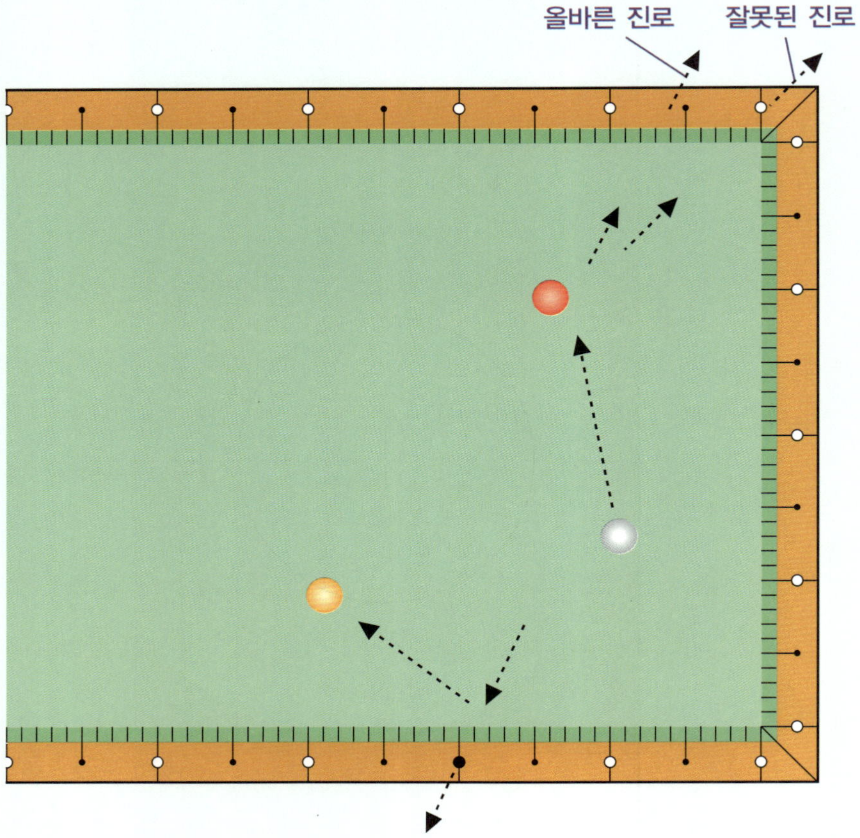

올바른 진로　잘못된 진로

〈그림 372〉

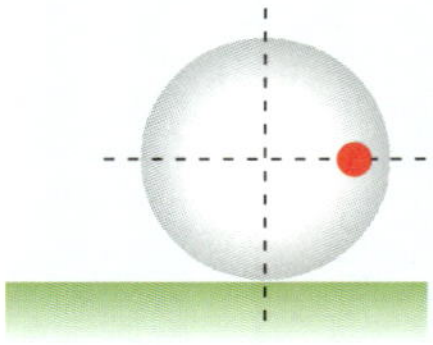

과도한 힘이 필요한 샷은 삼가라.

Billiard ATLAS
Chapter 7

기초 원리
Fundamentals

스포츠를 배울 때 적절한 교육을 받지 않는다면 결코 고급 기술을 습득할 수 없다. 완벽해지기 위해 몇 년을 투자한다고 해도, 기량 향상을 위해 어떻게 해야 하는지를 모를 수 있다. 기초 훈련을 게을리했을 때 나타나는 현상은 당구에서도 똑같이 적용된다. 예를 들면 수구를 정확히 타구할 수 있는 방법조차도 모르는 선수가 있을 것이다. 모든 시스템은 수구를 계산된 속도에 맞춰 부드러운 팔로-스루 스트로크로 타구하는 것에서부터 시작한다. 일반 동호인들은 자신의 스트로크가 문제의 근원일지도 모른다는 사실을 인지하지 못한다. 많은 경우 동호인들은 대부분의 샷을 득점으로 연결시킬 수 있으므로 자신의 스트로크엔 아무 문제가 없다고 생각한다. 그들은 자신의 스트로크가 다른 모든 문제의 근원일 수도 있으며, 이로 인해 득점력을 꾸준히 유지하지 못한다는 사실을 깨닫지 못하고 있다. 시스템과 테크닉을 적용하는 데도 문제가 생기는 건 마찬가지다.

너무나도 많은 선수들이 큐를 비틀고 있으며, 이 때문에 스트로크할 때 온갖 종류의 문제점이 발생한다는 사실을 모르고 있다. 아마도 팔로-스루 단계에서 큐가 왼쪽 혹은 오른쪽으로 흔들리고 있을 것이다. 또는 너무 빨리 백스윙을 하는 탓에 스트로크의 리듬이 흐트러져 부드러운 스트로크를 방해하고 있을지도 모른다. 무의식 중에 스트로크의 길이를 짧게 하여 수구를 찍는다거나, 수구의 속도를 예상한 대로 조절하지 못할 수도 있다. 이런 스트로크로는 득점에 성공할 수 없다. 이 장에서는 스트로크와 리듬에 관한 연구를 중점적으로 다루고 있다. 최소한의 노력으로 최대한의 성과를 얻을 수 있기를 희망한다.

- 기초 훈련
- 리듬
- 손목 2
- 포지션
- 스트로크 연구
- 리듬 2
- 이론
- 스트로크 스타일
- 스트로크 연구 2
- 손목
- 이론 2

기초 훈련
More

- 스트로크 교정에 성공했다면, 1적구의 두께 조절이나 수구의 당점 조절과 같은 다른 부분을 향상시켜야 한다.

- 올바른 스트로크와 리듬 조절은 쉽게 배우고 이해할 수 있으나, 무한한 노력이 요구된다.

- 대부분의 당구 동호인들은 처음 시작할때 적절한 기초 훈련을 받지 못한다. 지금이라도 기초로 돌아가 다시 시작하길 적극적으로 권장한다. 이 장의 많은 부분 역시 기초 훈련에 할당하고 있다.

- 꼭 필요한 기초를 다지는 것은 매우 지루한 작업이지만, 얼마든지 긍정적인 자세로 임할 수 있다.

- **윌리 호프(Willie Hoppe)**의 『당구, 이것이 정석이다(Billiards as it should be played)』나 **웰커 코크란(Welker Cochran)**의 『과학적 당구(Scientific Billiards)』 등 고전 자료를 통해서도 기초를 훈련할 수 있다.

- 독자 여러분들은 이 내용을 받아들이기가 매우 힘들 것인데, 처음부터 다시 시작하는 걸 좋아하는 사람은 거의 없기 때문이다. 하지만 실력 향상을 간절히 바라고 또 당구에 전념할 선수라면, 기본기 습득은 필수적인 조건이다.

- 기초가 무엇인지 살짝 들여다보기 위한 사람들을 위해, 이 책에서는 당구의 기본 원리에 관한 다양한 지식을 수록하고 있다. 이 자료의 대부분은 전(前) 챔피언들이 전수해 준 것이다.

- 앞으로 소개할 이론들은 정상급 선수들의 가르침에서 나온 것이다. 진정으로 발전하고 싶다면, 혹은 조금 더 프로다워지고 싶다면 이제부터 소개할 내용들을 잘 따라오라. 여러분의 당구 실력은 일취월장할 것이며, 상대편 선수들도 당신의 향상된 기량을 인정하게 될 것이다.

수구가 쿠션에 붙어 있다면(프로즌),
큐팁이 수구를 일직선으로 통과하도록 하라.
큐팁을 위로 올리면 안된다.

몇몇 선수들은 큐의 뒤를
살짝 들어 수구의 아랫 부분을 눌러침으로써
큐팁이 위로 올라가는 것을 방지한다.
그외 선수들은 스트로크가 끝날 때까지
큐를 평행하게 유지한다.

스트로크 연구
The Magic Cure

▶ 당구에 관한 일급 정보는 글로써 전달할 수 있다. 하지만 '올바른 스트로크'에 관해 간단 명료하게 설명하는 것이 과연 가능할까? 대부분의 스리쿠션 동호인들은 적절한 스트로크를 사용하지 못하고 있으며, 1995년 전까지는 고전적인 책들을 제외하고는 스트로크에 관해 설명하고 있는 책이 거의 없었다.

▶ 바야흐로 1995년 6월, 조셉 그윈(Joseph Gwin)은 한 잡지에 올바른 스트로크를 연마하는 방법에 대한 간단 명료한 글을 기고하였다. 당구 천재였던 그윈은 MIT 출신의 공학도로서, 45년 동안 전문적으로 '가속 운동'에 대해 연구하였다. 그는 당시 챔피언들 중 최고의 스트로크를 가졌던 모스코니(Mosconi) 선수와 호프(Hoppe) 선수에 대해 집중적으로 연구했다. 그가 스트로크를 단계별로 나누어 세부적으로 분석해 놓은 자료는 실로 놀라우며, 당구계 전체에 행운이었다고 볼 수 있다.

▶ 만일 여러분들이 그윈의 권고를 받아들인다면 스트로크는 몰라보게 달라질 것이다. 나아가 많은 공을 무리하지 않고 쉽게 득점할 수 있게 된다.

▶ 그윈은 스트로크를 몇 가지 단계로 구분하여 각 단계마다 설명을 곁들이고 있다.

▶ 상박을 몸에 고정시킨 채 겨드랑이를 굳게 붙여라. 이로서 팔꿈치는 멋대로 움직이지 않게 되며, 스트로크의 각 지점마다 팔꿈치가 어디에 위치해 있는지 파악할 수 있을 것이다.

▶ 팔꿈치 밑의 하박(팔뚝)은 축 늘어져야 한다. 하박의 근육이 큐를 가속화하지는 않는다.

▶ 축 처진 하박과 손목을 앞뒤로 움직여라. 이때 팔꿈치 위쪽 상박의 근육을 사용한다. 상박 자체가 움직이는 것이 아니라, 그 근육만 움직인다.

스트로크 연구 2
More Magic Cure

▶ 손목은 느슨하게 풀어 주고, 큐는 엄지와 검지 손가락으로 부드럽지만 굳건하게 쥐어라. 중지는 그립을 뒤로 빼는 단계의 대부분에서 큐와 닿을까 말까 하며, 엄지와 검지를 기본으로 움직인다. 그립은 하박의 연장점이라 할 수 있겠다. 손목은 큐를 쥔 손과 함께 천천히 뒤로 젖혀지는데, 이 과정에서 손바닥이 열릴 것이다. 중지, 약지, 새끼 손가락은 큐의 무게를 지탱하지 않는다. 엄지는 바닥을 향하고 있으며, 손목이 완전히 젖혀졌을 때 엄지와 검지만이 큐를 쥐고 있다. 대부분의 샷에서 손목 움직임은 최소한으로 줄여야 한다.

▶ 손목을 앞으로 전진시킴과 동시에 상박의 근육에 가속을 붙여라. 이 때 하박은 축 처진 상태를 유지해야 하는데, 손이 쥐어지면서 자연스레 그립도 팽팽해질 것이다. 스트로크가 마무리되면서 손목은 펴지는데, 이처럼 손목을 사용하면 수구를 더욱 효과적으로 타격하여 과도한 회전을 부여할 수도 있다. 채찍질하듯 손목의 스냅을 사용하면 필요에 따라 수구의 작용을 극대화할 수도 있다. 스트로크의 마무리 단계에서 큐의 그립을 쥐면서 하박의 근육은 자동적으로 팽팽해진다. 만일 샷하기 전에 하박의 근육을 풀어주지 못하면 팔이 뻣뻣한 상태에서 비효과적으로 수구를 타격하게 될 것이다. 팔꿈치는 진자운동의 축을 이루며, 팔꿈치 위쪽 부분은 정지된 상태를 유지한다. 스트로크는 처음부터 끝까지 팔꿈치 아래에서 이루어진다. 팔꿈치 위로 팔을 움직일 경우 스트로크는 요동칠 것이다. 어깨의 힘도 모두 빼라.

▶ 타구하고 나서는 마치 조각상이 된 것처럼 움직이지 마라. 엎드린 상태에서 샷이 원하는 대로 굴러가는지 살펴보라. 모든 게임에 위의 원칙을 적용하고 검토해 보라. 여러분이 큐를 비틀지 않고 올바르게 스윙하게 되면 득점력은 제고될 것이다. 두께 조절도 정확해질 뿐더러 수구의 움직임도 원활해질 것이다.

▶ 만일 당구에 명예의 전당이 존재한다면, **조셉 그원**이 가장 먼저 그곳에 오르게 될 것이다.

※ 전(前) 챔피언들의 저술에서 발췌한 내용은 그원의 저서 중 '손목' 부분에 실려 있다.

리듬(예비 스트로크)
Rhythm

▶ 리듬을 연구하는 목적은 다른 주제들보다 더 많은 세부적 설명을 필요로 한다. 처음에 리듬은 골프에서 스윙을 풀어 주는 왜글(Waggle)[4]과 흡사하다고 생각했다. 하지만 그렇지 않은 것이, 당구에서 리듬은 단순히 스윙을 풀어 주는 것 그 이상으로 중요하기 때문이다. 이제부터 리듬이 에러의 조절과 어떤 관계가 있는지 설명하겠다.

▶ 일반 동호인들은 대부분 걱정이 앞선 나머지 큐를 뒤로 빨리 빼는데, 이 경우 큐를 곧게 전진시킬 수 없게 된다. 큐는 반드시 천천히, 그리고 목표했던 스트로크의 길이가 끝까지 뒤로 빼야 한다. 전진 스윙은 타격 직전까지 가속이 붙어야 하므로, 속도를 줄이지 않도록 유의하라.

▶ 초이스할 때 선수는 '전체적 샷'에 필요한 모든 요소들을 결정지어야 한다. 브리지의 종류, 수구의 입사각, 스트로크의 길이, 당점, 수구의 디플렉션과 커브, 손목 사용 여부, 그립의 위치, 수구의 속도 등이다. 이 모든 것이 샷에 영향을 미치므로 여유를 갖고 천천히 확인하라. 이러한 자세가 선수들의 무의식 속에 새겨져 있어야 한다.

▶ 선수가 샷하기 위해 엎드렸을 때, 스탠스와 팔/손의 위치를 체크해야 한다. 그리고 리듬(예비 스트로크)이 시작되었을 때, 선수는 자동적으로 머릿속에 그렸던 '전체적 샷'을 재현해야 한다.

▶ 리듬이 흐르는 동안 무의식에서는 샷의 요소들 ― 브리지, 손목 사용, 수구의 속도, 큐의 스윙, 스트로크의 길이, 수구의 입사각 등 ― 을 하나씩 재현하고 실행해 나가기 시작한다.

▶ 만일 선수가 느리고 긴 스트로크를 선택했다면, 리듬 역시 느리고 길게 흐른다. 짧은 스트로크도 마찬가지이다. 리듬은 선수들에게 굉장한 무기가 될 것이다.

---

4 왜글 : 〈골프〉 (치기 전에) 클럽을 공 위에서 좌우로 흔드는 동작.

리듬 2
More Rhythm

▶ 이 모든 요소를 워밍업 단계인 '리듬' 속으로 편입시켜야만 에러를 줄일 수 있고, 또 전진 스윙 이후의 최종 타격에 필요한 힘을 비축할 수 있다. 고로 엎드리고 난 후 더 많은 시간이 필요하다. 이는 선수들의 머릿속에 반드시 새겨져야 할 부분이다.

▶ 리듬(예비 스트로크)이 시작되면, 이제는 무의식 속의 자아가 샷을 처리할 수 있도록 자신을 놓아버리고 감각에 맡겨야 한다. 만일 샷의 조정이 필요할 경우 언제든지 큐질을 멈추고 다시 일어설 수 있다. 정상급 선수들은 항상 그렇게 경기한다.

▶ 최종 타격이 끝나면 수구가 멈출 때까지, 아니 적어도 몇 초 동안은 움직이지 않아야 한다. 이는 익혀두면 매우 좋은 습관이다. 타격 후에 수구의 방향을 확인하려고 너무 빨리 움직일 경우, 스트로크가 중간에 끊겨 풀 팔로-스루가 이루어지지 않는 등 여러 가지 문제점이 생길 수 있다.

▶ 정상급 선수들은 대부분의 샷에서 결정 후 타구까지의 시간이 매우 짧다. 그들은 곧장 3쿠션 지점을 확인하고, 수구의 당점을 정한 후 진행하는 선을 그린다. 앞서 설명한 과정을 일일이 거치지도 않는다. 그들은 시스템과 테크닉에 이미 통달해 있어서 타격까지의 과정이 자동적으로 이루어지기 때문이다.

▶ 하지만 정상급 선수들은 여전히 각각의 샷에 세심한 배려를 쏟는데, 타구 전까지 약 10~20초를 소모한다. 세계 정상급 선수들이 예비 스트로크 2회 만에 샷을 하는 경우는 거의 없다. 그만큼 고려해야 할 사항이 많기 때문이다.

▶ **딕 야스퍼(Dick Jasper)** 선수는 수구를 타격하기 전에 보통 12회의 예비 스트로크를 하는데, 세계에서 가장 천천히 플레이하는 선수 중 한 명이다. 필자가 야스퍼 선수에게 왜 그렇게 예비 스트로크에 오랜 시간을 투자하는지 물어봤을 때 그는 이렇게 대답했다. "이닝 하나하나가 제겐 매우 중요하고, 실수하지 않기 위해 최선을 다해야 합니다. 실수할 경우 다시 자리로 돌아와 앉아야 하기 때문입니다."

손목
The Wrist

▶ 손목을 사용하면 수구를 효과적으로 타격할 수 있으며, 수구에 초과적인 회전을 부여할 수 있다.

▶ 보크라인 선수는 손목(스냅)을 이용하여 수구의 가속을 배가시키는 방법에 대해 배운다. 일반적으로 미국 내 스리쿠션 선수 중에는 보크라인을 배운 선수들이 드물지만, 몇 가지 기본 사항만 알아두면 얼마든지 손목 기술을 습득할 수 있다.

▶ 수구에 더 많은 회전을 부여하고 싶다면 손목을 많이 사용하거나 그립을 빨리 쥐어야 한다. 이 경우 수구의 회전은 훨씬 배가되고 속도는 여전히 줄어든다.[5] 수구의 회전을 줄이기 위해서는 손목을 덜 사용하면 된다.

▶ 댄 시갈(Dan Segal) 선수 손목 운동에 관해 많은 연구를 했고, 그 결과를 채찍질에 비교했다. 채찍질을 할 때 손목을 사용하지 않으면 채찍의 끝에 실리는 힘에 한계가 있지만, 손목의 스냅을 사용하면 더 큰 힘을 부여할 수 있다.

▶ 채찍을 내리칠 때 손목 전체를 사용하여 스냅을 주면 채찍의 끝부분에 최대한의 힘이 실린다. 스냅의 스피드는 상황에 따라 달라지는데, 길고 느릴 때도 있고 짧고 빠를 때도 있다. 후자는 포워드 리버스 모션이라고 불리기도 한다.

▶ 동일한 원리가 당구에도 적용된다. 시갈 선수는 스트로크의 길이와 손목 사용이 어떻게 수구의 임팩트를 변화시키는지 설명했다.

▶ 대부분의 스트로크에서 가속(힘)이 최고조에 달하는 지점은 수구 너머에 위치하는데, 즉 큐팁이 수구의 면과 접촉하고 난 후의 지점이다.

▶ 반면 레이몬드 클르망(Raymond Ceuleman) 선수는 대부분의 샷에서 가급적 손목을 사용하지 말라고 권고했다.

---

5 역주) 수구가 쿠션에 닿기 전까지는 수구의 옆회전이 속도에 영향을 주지 않는다.

손목 2
Wrist, etc

▶ 만약 여러분 중에 손목에 대한 분석 자료는 여기까지만 읽고 맥시멈 회전에 스냅을 이용하겠다면, 그렇게 해도 좋다. 하지만 한 단계 더 나아가고 싶다면, 댄 시갈 선수의 조언을 들어보기 바란다. "만일 수구와 큐팁이 정확히 부딪히는 순간-수구 너머가 아니라-에 최고의 힘(가속)을 부여하고 싶다면, 손목을 사용하되 수구가 실제보다 큐팁에서 공 반 개 정도 가까이 있다고 가정하라."

▶ 만약 더 큰 힘으로 수구를 타격하고자 한다면 수구가 실제보다 공 한 개 정도 가까이 있다고 가정하라. 이 경우 수구의 작용이 더 증가한다. 풀 팔로-스루 샷도 훨씬 쉬워질 것이다.

▶ 이상천 선수는 매 샷마다 스트로크의 길이를 달리하며, 풀 팔로-스루 스트로크는 거의 적용하지 않는 듯하다. 수구의 속도 또한 다양하게 조절한다. 이 테크닉은 연마하는 데 시간이 오래 걸리는데, 고속의 스냅을 사용하는 그의 스트로크는 컨트롤하기가 매우 힘들기 때문이다. 하지만 이제 적어도 독자 여러분은 이러한 테크닉이 존재한다는 사실을 알게 되었다.

이론
Theory

▶ "당구가 다르게 보였어요." 1980년대 **클르망** 선수의 경기를 관전한 후 **세미 시그너(Semih Sayginer)** 선수가 한 말이다. 당구 인생에 있어서 전환점이 무엇이었냐는 필자의 질문에 그가 대답한 것이다. 당시 그는 에버 1.0이 채 안 되는 선수였다.

▶ 참으로 흥미로운 얘기가 아닐 수 없는 것이, 이 사건 이후 그는 세계적인 선수로 급성장하였다. 하지만 필자는 아직도 시그너 선수가 발견한 것이 무엇이었는지에 대해서 정확히 모르겠다.

▶ 독자 여러분께서 지금부터 읽을 내용은 세계 정상급 선수들의 조언들로써, **세미 시그너** 선수의 성공과도 많은 관련이 있을 것이다. 당구를 완벽하게 익히기 위한 방법을 찾는 사람들에게 좋은 지침서가 되어줄 것이다.

▶ 우선 첫 번째로 다양한 샷을 생각해 보고, 적절한 샷을 초이스하며, 그 후 키스를 피하기 위한 진로를 그려 보아야 한다. 키스를 피하고 안 피하고의 차이는 매우 크다.

▶ 당구 선수라면 비슷하지만 다른 샷, 즉 조그만 차이 때문에 다르게 공략해야 하는 샷을 구별할 줄 알아야 한다. 체스를 둘 때와 마찬가지이다. 각도는 다양한 형태로 조합할 수 있기에 정확한 진로를 찾는 일은 쉽지 않다. 또한 2적구의 위치에 따라 수구 수를 파악하는 것도 힘들다. 수구 수를 파악한 후에야 득점할 수 있는 진로를 정확히 계산할 수 있다.

▶ 포지션을 통해 다음 공을 쉽게 세우게 되면 득점력에 현격한 차이가 있을 것이다. 이를 위해선 수구의 속도 조절이 매우 중요하다. 수구를 타격한 후 자기 멋대로 굴려 보내는 방식에 안녕을 고하라. 당구 선수라면 수구의 속도를 적절히 조절해야 하며 수구가 어디에 멈출 것인지도 반드시 파악해야 한다.

▶ 1적구가 적절한 지점에 포지션시킬 수 있다면 다음 샷은 훨씬 수월할 것이다. 만일 여러분이 당력이 조금 있는 동호인이라면, 전체 샷의 20% 정도는 포지션시킬 수 있을 것이다.

이론2
Theory Continued

▶ 키스나 포지션을 고려한 샷에서 관건이 되는 요소는 1적구의 두께(1/2, 1/4 등)와 스트로크(짧은, 빠른, 긴 등)이다. 키스가 나는 구역을 측정한 후 수구의 속도를 늦추거나 1적구의 속도를 늦추어라. 때로는 데드볼 샷이나 아주 얇은 두께의 샷, 혹은 깊게 끌어치는 샷이 필요할 것이다. 수구의 속도 조절이 가장 중요하다.

▶ 다소 유혹적이긴 하겠지만 두 가지 길이 보이는 샷은 버려라. 수구를 2적구에 정확한 속도로 보내는 데만 집중하라. 그래야만 수구와 부딪힌 후 2적구의 위치를 예측할 수 있다. 치기 편안한 샷이 아닌 정확한 샷을 초이스하는 것이 이 훈련의 목표이다.

▶ 위의 사항을 따르면 더 나은 선수로 발전할 수 있다. 수구를 비롯해 1,2적구를 컨트롤하지 못한다면 결코 기량이 향상될 수 없다.

▶ 또한 위의 사항을 몸에 익혔다면, 샷을 계산하는 데는 시간이 얼마 걸리지 않을 것이다. 예를 들어 쉬운 샷을 선택하는 데 몇 초나 걸리는지 확인해 보라. 아마도 초이스하는 데 3초, 다른 요소들을 계산하는 데 5초 정도 걸릴 것이다. 정상급 선수들은 머리 속에서 고려해야 할 사항이 엄청나지만, 필요한 모든 사항을 계산하는 데 보통 10초가 걸리지 않는다. 물론 난구일 경우는 시간이 조금 더 걸린다.

▶ 우리에게 잘 알려진 베테랑 선수는 이렇게 말했다. "프로 선수는 너무 빨리 샷하기에, (그 시간 안에) 아무 것도 계산할 수 없다." 이런 말 몇 마디 때문에 일반 동호인들은 수 년 간 혼란스러워 했다. 하지만 정상급 선수들은 스리쿠션의 수학을 알고 있다. 그들은 "감각으로 계산"할 뿐이다.

포지션
Position

▶ 현존하는 여러 도서와 잡지에서는 1적구를 보낼 수 있는 최상의 위치에 대해 소개하고 있다. 아직 그 내용을 접하지 못한 분들을 위해, 목적구를 장축 근처에 붙여 놓으면 빅볼(big ball)이 된다는 사실을 새삼 강조하고 싶다. 물론 목적구를 코너 부근에 위치시키면 더할 나위가 없다.

▶ 에디 로빈(Eddie Robin)씨는 포지션을 다룬 전문적인 책을 저술하였다. 필자가 로빈씨와 통화했을 때, 그는 공 3개를 모두 당구대 중앙 쪽으로 보내 놓은 것도 이상적이지만, 2적구의 득점 범위가 좁아진다고 대답했다. 그는 책에서 이 내용을 자세히 다루고 있으며, 이미 유럽에서는 베스트셀러가 되었다.

▶ 만일 포켓볼 선수가 포지션을 고려하지 않는다면, 그 선수는 기량이 떨어지거나 초보자라고 단정지어도 좋다. 스리쿠션도 마찬가지로 포지션을 무시하는 선수는 하수임이 틀림없다.

▶ 현재 세계 정상급 선수들이 가장 중요시하는 부분 중 하나가 바로 포지션 플레이다. 토브욘 브롬달(Torbjorn Blomdahl) 선수에게 포지션 플레이의 비율에 대해 물었을 때 그는 이렇게 대답했다. "약 40% 정도입니다. 원래 그보다 더 높았는데, 너무 많은 샷을 놓치게 되더라구요."

▶ 딕 야스퍼(Dick Jaspers) 선수에게 포지션을 고려하지 않고 플레이할 경우 어느 정도 영향을 받냐고 묻자, 그는 "공격력이 20% 정도 저하될 것입니다."라고 대답했다.

▶ 포지션에 관한 위의 내용이 일반 동호인들에게 얼마나 도움이 되는지 모르겠지만, 이것이 바로 정상급 선수들의 플레이다. 그들 역시 모든 샷을 포지션하려 들지는 않는다. 포지션이 힘든 공일 경우, 가장 편하게 득점할 수 있는 샷을 하라. 이 경우엔 굳이 모든 공을 컨트롤하지 않아도 좋다. 뒷공이 자연스럽게 좋게 포지션될 수도 있는 것이다.

▶ 만약 포지션과 득점 사이에서 고민하고 있다면, 득점이 최우선 목표임을 명심하라.

스트로크 스타일
Stroke Styles

▶ 세계적인 선수들의 경기를 관전하고 있으면 각 선수마다 스트로크의 스타일이 다름을 알 수 있다. **이상천** 선수는 수구의 회전을 극대화하고, 손목을 많이 사용하며, 1적구를 두껍게 맞추고, 압축된 팔로-스루 스트로크를 사용하는 것을 볼 수 있는데 이 모두를 완벽하게 소화해 낸다.

▶ **토브욘 브롬달** 선수는 공격적인 선수로, 자신감있게 수구를 1적구로 돌진시킨다. **주니치 고모리** 선수는 다른 일본인 선수들과 마찬가지로 매우 정교한 플레이를 구사한다.

▶ **레이몬드 클르망** 선수는 기계처럼 완벽한 스타일을 구사하며, 풀 팔로-스루 스트로크의 전형적인 모범을 보여 준다.

▶ **이상천** 선수의 샷하는 자세를 보면 큐의 뒷부분이 상하좌우로 흔들리는 걸 볼 수 있는데, 그럼에도 매우 정확하게 수구를 타격한다. 또한 브리지, 그립, 손목 모두 자유롭게 풀어 준다.

▶ **클르망** 선수는 타격하기 전까지는 큐의 뒷부분을 상하나 좌우로 전혀 흔들지 않으며, 매우 견고한 브리지를 이용한다. 정면에서 보면 마치 다른 당구대를 겨냥하고 있는듯 하다.

▶ **리차드 비탈리스** 선수와 **에프렌 레예스(Efren Reyes)** 선수는 브리지를 매우 길게 잡는다. 정확도가 떨어질 것 같지만, 이들은 정상급 선수들이기에 문제가 되지 않는다.

▶ 세계적인 선수들은 모두가 다 기억력이 좋다. 하지만 필자에게 그들 중 한 명에게 돈을 걸라고 한다면, 주저없이 **이상천** 선수에게 걸겠다.

Billiard ATLAS Chapter 8

정신력
The Mental Side

선수들은 종종 정신력 부족으로 인해 기량을 발전시키지 못한다. 평균 이하의 경기를 펼칠 때도 언제나 정신력이 문제가 된다. 선수가 단지 '정신력'을 어떻게 활용하는지 모른다는 이유만으로 그가 가진 지식과 기술을 100% 발휘하지 못한다면 슬픈 일이 아닐 수 없다.

시합에만 들어서면 자기 기량을 전혀 발휘하지 못하는 선수가 있다. 이런 선수들은 학교에서 시험만 보면 성적이 저조한 학생들과 똑같다. 아니 마치 내 안에 다른 누군가가 침입하여 나 대신 큐를 잡고 있는 듯하다. 경기가 심하게 풀리지 않을 때는 선수를 조종하는 컴퓨터가 샷을 정확하게 겨냥하는 기능을 수행하길 거부하며 모든 샷을 미스하도록 도와주는 듯하다.

이럴 경우 선수는 자신의 컴퓨터에게 스트로크에 대한 모든 판단에서 벗어나라고 가르쳐야 한다. 컴퓨터가 문제를 확실히 '각인' 할 때까지 말이다. 선수는 목표 지점을 완벽하게 파악하고 샷해야 하며, 처음엔 의식적으로 하다가 차츰 무의식의 단계로 내려 보내야 한다.

강제로 집중하고자 하는 행위는 도움이 되질 않는데, 강제한다고 해결될 문제가 아니기 때문이다. 집중력은 샷에만 주의를 기울일 수 있도록 자신을 놓아줄 때 비로소 발휘된다. 자신이 몰입 상태에 빠져있다는 건 그 상태에서 깨어나기 전까지는 알아차리지 못한다. 시간이 지난 후에야 내가 다른 의식 상태에 존재했으며, 당구대와 혼연일체되었음을 자각할 수 있다.

이 장에서는 지금까지 여러분이 배운 모든 것들-여러 가지 기술, 경기에서 승리하기 위한 방법 등은 무의식 속에 저장되어 있음을 밝힐 것이다. 이제 더 이상 '의식'을 통해 힘들게 노력할 필요 없다. '무의식'이 알아서 모든 일을 처리할 수 있기 때문이다.

- 정신력 키우기
- 정신력 키우기 2
- 정신력 키우기 3
- 정신력 키우기 4
- 견제

정신력 키우기
Get Mental

▶ 당구 선수는 당구대 위에 공이 섰을 때 주저없이 반사적으로 대응할 때 최고의 경기력을 보인다. 정신력의 90% 가량은 무의식 속에 잠재되어 있다. 필자가 추측컨대 여러분도 샷을 구상하고, 포지션과 디펜스를 생각하느라 많은 샷을 놓쳤던 기억이 있을 것이다. 목표가 분산될수록 집중력은 저하된다.

▶ 선수가 게임에 완전히 몰입하여 다른 세계가 보이지 않는 단계까지 집중력을 높여야 한다. 그럴 경우 평소에 지나쳤던 세부적인 사항들이 보이고, 주어진 모든 상황을 돌파하기 위해 여러분의 수준에서 할 수 있는 최상의 방법들을 알 수 있게 된다. 걱정과 근심이 사라질 것이다.

▶ 주어진 샷을 해결할 수 있는 정확한 방법을 습득하고 끊임없이 연습하라. 여러분의 멘탈 컴퓨터가 경험한 모든 결과를 수집하고 저장해 둘 것이다. 각각의 샷을 통해 깨달은 것들은 뇌에서 하나씩 업데이트될 것이다.

▶ 정확한 지식이 없다면, 부적절한 공략법을 가지고 매번 똑같은 연습을 반복하게 된다.

▶ 감정에 휩싸인 나머지 원하는 수구의 진로를 찾지 못하게 될 수도 있다. 또한 잘못된 선입견이나 공략법들 때문에 진실을 보지 못할지도 모른다.

▶ 경기에 조금 더 진지하게 임할 수 있도록 의식이 깨어있는 상태에서 결정을 내려야 하며, 항상 배우려는 자세가 필요하다. 새로운 것들을 배우기 위해 가급적 고수들과 경기를 하라.

▶ 마음을 고요히 다스리는 것이 최우선이며, 2분 전에 일어난 일을 잊어버리는 법을 배우라. 빨리빨리 샷하라는 마음 속 깊이 박힌 조급증은 반드시 떨쳐버려야 한다.

▶ 정신력은 충분히 키울 수 있다. 갖가지 방해물에서 해방될 수 있도록 생각의 패턴을 정리하고 조정하라. 지금부터 이 방법에 대해 소개하겠다. 정신력 싸움(Mental Game)은 두 가지 단계로 나뉜다.

정신력 키우기 2
Mental, Etc

▶ 멘탈 게임의 첫 번째 단계는 초이스를 분석하는 것인데, 무의식 속에서 여러 자료들을 검색하게 된다. 무의식에는 정확히 필요한 정보가 들어 있다.

▶ 이 단계에서 여러분은 속으로 이렇게 말할 것이다 : 빅볼(득점 확률이 높은)을 찾는다. 키스와 포지션도 생각한 다음, 1적구의 두께와 수구의 속도를 정한다. 3쿠션 지점의 위치를 파악하고 수구의 당점을 결정한다. 큐의 각도와 스트로크의 종류를 체크하고, 디플렉션을 감안해 수구의 진로를 조정한다. 내 기량에 맞게 올바르게 초이스했는지 천천히 살펴본다. 무의식은 틀림없을 것이다.

▶ 두 번째 단계는 엎드린 후 테크닉을 정확히 구사할 수 있도록 생각하는 과정이다. 이 단계에서 여러분은 이렇게 말할 것이다 : 자세를 잡고 브리지와 그립을 체크한다. 브리지의 길이를 조절하고 리듬(예비 스트로크)을 타기 시작한다. 이제 1적구의 두께와 수구의 속도에 모든 집중력을 쏟는다.

▶ 6회 이상의 예비 스트로크는 필수적이며, 더 늘어날 경우도 있다. 구사할 샷을 확실히 정하지 않을 경우 문제가 생긴다. 확실하지 않으면 샷하지 말라. 일어나 한두 걸음 물러서라. 이것이 바로 집중력을 유지하는 방법이다.

　　　　샷하기 전에 수구의 진로를 당구대 위에 그려 보라.

▶ 이러한 생각의 과정을 매일 반복하고, 매 이닝 샷할 때마다 적용하라. 서둘러 샷하는 것은 자신을 해치는 행위이다. 가장 큰 적은 자기 자신일 수도 있으며, 다른 누구보다 경기력을 저하시키는 원인이 된다. 조급증과 무기력증 때문에 샷은 흔들리는 것이다. 이러한 심리적 상태는 정면으로 맞설 때 이겨낼 수 있다. 또한 부정적인 생각이나 의심을 갖게 되면 시야가 흐려지게 되는데, 이는 선수들이 극복해야 할 최대의 적이다. 부정적인 생각들에 휩싸였을 때는 샷을 컨트롤하려 할수록 의식은 혼란을 겪는다. 의식이 혼란한 상태에서는 자신을 주체할 수 없다.

정신력 키우기 3
Mental, Etc. Etc

▶ 선수는 샷을 어떻게 구사할 것인지 망설여서는 안 된다. 샷은 예상대로 진행할 것이라고 믿어야 한다. 즉 부정적인 자아가 문제이다. 미스 샷의 원인이 바로 부정적인 자아이므로 잘 파악하고 조정해야 한다.

▶ 의심과 두려움은 인간의 본성의 일부이므로 주의해야 한다. 다만 어떤 사실에 근거한 감정일 경우에는 곰곰이 따져보라. 어떤 문제가 생길 경우 가장 빨리 경고의 메세지를 던져 주는 것이 바로 '의심'이기 때문이다. 의심에 근거가 있다고 생각될 경우 바로 조치를 취하고 여러분의 창의적인 사고가 계속 발전적으로 진행할 수 있도록 하라. 그렇지 않을 경우 의심과 두려움은 여러분의 노력을 파괴하려는 낡은 프로그램의 작동인 것이다.

▶ 어떤 스포츠에서건 프로 선수들은 스타가 된 후에 이 같은 상황에 직면하게 되며, 자주 이렇게 되뇌이곤 한다.

"더이상 에너지가 없어." "집중이 안 돼." "오늘은 샷이 잘 안 보이네."
"슬럼프에 빠졌어." "발동이 잘 안 걸리는군." "몰입이 안 돼."
"경쟁자들한테 앞서기도 하고 뒤쳐지기도 하는 법이지."
"게임에 집중하지 못 했어." "자신감을 잃었어." "공격적이지 못 해."

▶ 여러분이 펄펄 날아다닐 때면 예전의 불안했던 정신 상태로 돌아가고 싶진 않을 것이다. 고로 이 기회를 날려버리지 말라. 흔치않은 기회가 왔을 때 여세를 몰아가라.

▶ 잘 맞는 시기와 슬럼프 시기는 한 번씩 자연스럽게 일어난다. 설령 선수가 현재 자신이 갖추어야 할 정신 상태에 대해 파악하고 있다 해도, 슬럼프에서 벗어나는 연습은 반드시 해야 한다.

정신력 키우기 4
Mental, Etc. Etc

▶ 지금까지는 개인의 성격 차에 대해선 언급하지 않았다. 과학자들은 이미 한 사람의 충동, 격분, 과열, 과격성 등에 영향을 미치는 유전자를 밝혀냈다. 머지 않아 이들은 성격을 결정하는 유전자들을 완벽히 규명해낼 것이며, 우리의 연구에도 큰 도움이 될 것이다.

▶ 집중하라고 말하기는 쉽지만, 실제로 행하는 것은 쉽지 않다. 지금부터 집중하는 데 도움을 줄 수 있는 기술적인 방법에 대해 소개하겠다.

▶ 대부분의 선수들은 타석에 임할 때 약간 긴장을 하며, 자신도 모르는 사이 호흡이 짧아지고 혈압은 높아진다. 이 경우 집중력은 제한을 받는다. 더 심한 경우엔 자의식 과잉으로 인하여 더욱 긴장하게 된다. 억눌린 긴장감은 풀어 주어야 하며, 긍정적인 에너지를 이용해 당면한 문제를 풀어가는 데 전념해야 한다. 이런 의미에서 호흡은 여러분이 생각하는 것보다 훨씬 더 중요하다.

▶ 중요한 시합에 앞서 심호흡을 3회 정도 실시하라. 온몸의 근육을 수축시킨 후 다시 풀어 주며 크게 한번 숨을 내쉬어라. 몸에 가득 찼던 압박감이 숨과 더불어 모두 빠져나왔다고 상상하라. 심호흡의 효과는 엄청나므로 경기 중간중간에도 심호흡을 반복하길 권한다.

▶ 음악이 사고력을 향상시켜 준다는 사실은 몇 가지 연구를 통해 이미 밝혀진 바 있다. 특히 고난도의 추론과 같은 특정 업무 직전에 음악을 들으면 효과가 크다. 음악은 뇌의 활동과 관계가 있다. 최근 한 대학의 연구에서는 "작업 시작 몇 분 전에 음악을 들으면 신경계를 활성화시켜 업무 능력이 향상되는데, 그 효과는 15분 정도 지속된다." "음악은 어떤 장르건 상관이 없지만, 곡 구성이 탄탄하고 비반복적이어야 한다."고 밝힌 바 있다. 마치 모차르트의 소나타나 클래식 기타 음악처럼 말이다. 경기 전에 음악을 들으면 뇌가 맑아질 것이다. 하지만 전화벨 소리나 간단한 인사만으로도 집중력이 흐트러진다는 사실을 명심하라. 다시 집중하려면 몇 이닝이 더 걸린다.

견제
Sharking

▶ '견제(속칭 겐세이)'란 상대방이 타석에 드러섰을 때 방해하거나 괴롭히는 행위를 의미한다.

▶ 마치 골프에서 선수가 퍼팅을 하는데 바로 앞에서 움직인다거나, 체스에서 소음을 일으키는 행위와 유사하다. 견제를 당할 경우 집중력을 잃게 되며, 경기에 완전히 다시 몰입하기까지는 몇 이닝이 소모된다. 전화벨 소리 때문에 몇 이닝을 날려버릴 수도 있다. 견제로 악명을 떨친 선수들도 있다. 만일 여러분이 타석에 들어서자 상대방이 뒤돌아 서더니 다음번 자신의 차례까지 계속 뒤돌아보고 있다면 기분이 어떠할까? 이런 선수는 경기 전체의 분위기를 흩트리는 선수이다. 무엇이 되었건 타석에 들어선 선수에게 방해가 될 만한 행동을 하는 것은 매우 예의없는 짓이다. 이런 선수들은 시골 마굿간에서 사육되는 말처럼 채찍으로 다스려야 한다.

▶ 한번은 필자가 시합 도중에 엎드려 자세를 잡고 1적구의 두께에 집중하려는데, 상대편 선수가 필자가 보는 바로 앞에서 팔벌려뛰기를 하고 있는 것이었다.

▶ 또 한번은 40점제 경기에서 필자가 전(前) 미 챔피언을 39-32로 앞서고 있었다. 그런데 그가 갑자기 화장실에 가더니 30분 후에 돌아오는 것이었다. 결국 필자는 40-39로 경기에서 패했다.

▶ 또 다른 종류의 견제로는 게임 종반에 다다랐을 때 갑자기 언쟁을 시작하는 행위이다. "3이닝 전에 당신이 3점을 쳤다고 하는데, 그때 2점 밖에 치지 못했어." 이는 이전 이닝을 언급함으로써 경기를 중단시킴과 동시에 상대방의 집중력을 죽이려는 책략이다. 이런 선수는 단두대에 처형되어야 마땅하다.

▶ 만일 최상의 집중 상태에 몰입되어 있다면 어떤 견제가 들어온다 하더라도, 아니 코끼리가 떼로 지나가더라도 방해받지 않을 것이다. 하지만 집중력이 낮은 단계에서는 얘기가 달라진다.

수구에 추가적인 속도를 가하면
1적구와의 분리각은 짧아진다.
반면 속도를 줄일 경우 각은 늘어난다.

Billiard ATLAS

Billiard ATLAS Chapter 9

장비
Equipment

일반 당구 동호인들은 대부분 전체 당구계의 흐름이나 협회 활동, 혹은 당구 관련 서적, 잡지를 자주 접하지 않는다. 고로 최근에 당구 장비가 어떻게 변화했는가 하는 지식이 몇 년 정도 뒤쳐져 있다.

고로 일반 동호인들은 자신들이 다니는 당구장의 테두리를 벗어나지 못한 채 수십 년 동안 같은 방식으로 플레이해 왔다. 하지만 그 수십 년 사이에 비약적인 발전이 있었고, 에버리지는 공격적으로 치솟았다.

전통의 브룬스윅(Brunswick) 당구대 역시 품질이 우수하지만, 따뜻한 온도로 관리되는 최상급 신형 당구대와는 비교할 수 없다. 이런 종류의 당구대를 사용하지 못한다는 것은 선수에게 그만큼 손해이다.

이 장에서는 쿠션에 관해 매우 세부적으로 분석하였으며, 소개하고 있는 당구대 관리법은 득점력 제고를 위한 것이다. 경기용 새 당구대에 적응하는 데 어려움을 겪어 왔던 선수들에게 많은 도움이 될 것이다.

경기를 많이 관전하다 보면 당구대의 상태를 지속적으로 체크하는 것이 반드시 필요하다는 사실을 알게 된다. 왜 어제 경기했던 당구대에서와 똑같이 플레이하려 하는가? 쿠션의 천을 교체하거나 공을 새로 구입한 후 처음 몇 주 동안 당구대의 상태는 하루가 다르게 변한다. 정상급 선수들은 항상 당구대의 상태를 체크하는데, 습도나 냉난방 상태에 따라 차이를 보이기 때문이다.

만일 여러분이 따뜻하게 관리된 최고급 당구대의 효과를 체험해 본다면, 여러분의 당구 인생을 바꿀 이 혁명에 동참하게 될 것이다.

- 쿠션
- 쿠션 2
- 쿠션 3
- 쿠션 4
- 쿠션 5
- 당구공
- 당구공 2

쿠션
The Cousion

▶ 쿠션의 천이 어떻게 조립되었느냐에 따라 당구대 위에서의 득점력도 달라진다. 세계 정상급 선수들의 경기를 보면, 수구가 매우 길게 늘어지는 모습을 어렵지 않게 볼 수 있다. 도저히 윌헬미나(Wilhelmina) 당구대에서는 불가능할 것처럼 보이는데, 동영상 속의 당구대는 같은 윌헬미나 제품이다.

▶ 미국의 당구대 설치공들은 지금까지 당구대에 쿠션을 씌우는 비법을 모르고 있었다. 유럽 당구대에서는 공의 움직임이 달랐다.

▶ **이상천** 선수의 1994년 대회 이후로 모든 것이 바뀌었다. 그는 유럽식 당구대 설치법을 수입하여 보급했다. 당시 미국에는 두 가지 당구대 설치법이 존재했다.

▶ 쿠션을 둘러싼 천은 2mm 정도 더 팽팽하게 조여졌는데, (쿠션) 고무의 끝부분을 살짝 압박할 정도였다. 당구대 바닥의 천(라사) 역시도 최대한 팽팽하게 늘렸는데, 그 후 플레이는 몰라보게 달라졌다.

▶ 당구대를 구르는 공의 속도가 빨라졌으며, 수구가 쿠션에 부딪혀 나올 때 속도가 많이 줄어들지 않았다. 분명히 무언가가 바뀌었으며, 선수들은 계산법을 조정해야 했다. 간단한 샷도 쉽게 해결할 수 없었다. 수구의 속도가 매우 중요한 변수가 되었는데, 속도가 증가할수록 쿠션에서의 분리각이 길어졌기 때문이다.

▶ 이제 세계 정상급 선수들이 일반 동호인들은 잘 시도하지도 못하는 아주 긴 각의 샷을 어떻게 해결하는지 알게 되었다.

▶ 이런 당구대에서는 수구가 쿠션에서 분리된 후에도 회전이 상당히 살아 있었다. 예상하지도 못했던 회전이 자동적으로 생기는 것 같았다. 1쿠션에 부딪힌 이후에 수구의 회전에도 변화가 생겼는데, 예전 당구대보다 회전을 더 많이 먹었다. 조단선 역시 날카로워졌다.

쿠션 2
More Cousion

▶ 천이 새로 교체되면 당구대의 슬라이드(미끄럼)도 크게 변화한다. 며칠 경기를 하고 나면 당구대가 안정을 되찾는데, 슬라이드도 점점 정상화된다. 그리고 몇 달 정도 지나면 과도한 슬라이드는 사라지게 된다.

▶ 당구대 슬라이드의 중요성에 대한 이해를 돕고자 〈그림 373〉을 준비하였다. 이 그림에서 B는 새 공, 새 시모니스(Simonis) 300제 천을 사용하고 당구대를 앞 페이지와 같이 조립했을 때 나타나는 수구의 진로이다. 수구의 당점과 스트로크 모두 맥시멈이며, 속도는 7이다.

▶ A는 쿠션을 고무에 팽팽하게 조이지 않고, 또 약간 해진 상태에서의 진로이다.

▶ 수구를 얼마나 길게까지 보낼 수 있는지 그 차이를 확인하라. 이렇듯 새 당구대에서는 더 많은 공을 득점으로 연결시킬 수 있다.

▶ 쿠션을 새로 교체하고 처음 5~6시간 동안은 수구가 예측할 수 없는 각도로 거칠게 분리될 것이다. 쿠션의 천이 길들여질 때까지는 애써 기존의 계산법을 적용하려 들지 마라.

▶ 쿠션에 관한 글은 몇 페이지 더 이어질 것인데, 이 분야에 대한 정보를 모르고 있는 동호인들이 꽤 많기 때문이다. 득점력을 제고시키는 것이 이 주제를 다루는 목적이다.

▶ 이제 감각에만 의존하는 형태는 바뀌어야 한다. 선수라면 당구대에 관해 다시 배워야 한다. 슬프지만 이것이 현실이다.

▶ 언젠가 미국 정상급 선수 한명에게 유럽식 당구대에 대해서 어떻게 생각하냐고 물었다. 그는 애도하면서 대답했다. "유럽 선수들은 이 당구대에서 수 년 간 플레이해 왔지만, 저는 적응하는 데만 몇 년이 걸릴 것입니다."

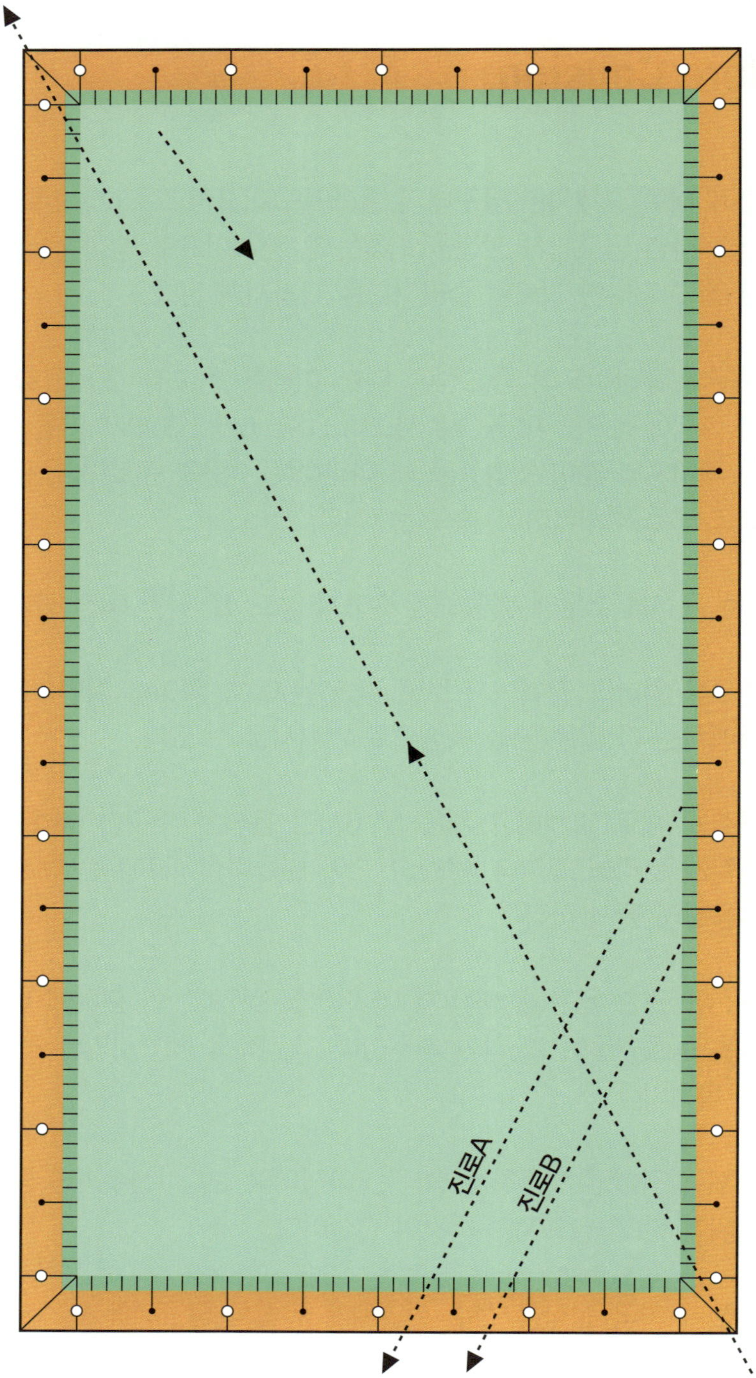

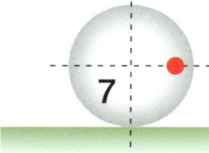

〈그림 373〉

샷을 재서 목표 지점을 정할 때를 제외하고는
2적구에 대해 생각하지 마라.

쿠션 3
More Cushion Etc

▶ 세계적 규모의 스리쿠션 대회에서는 최고급 장비가 동원되며, 이것이 선수권 시합의 표준이 된다. 대회가 시작되면 선수들은 즉석에서 경기장 상태를 파악해야 하며, 처음 한두 게임이 지나면 선수들은 어느 정도 감각을 되찾고 오차 조정을 하게 된다.

▶ 대회 개최 하루가 지나면 당구대는 짧아지기 시작하고, 몇 시간 단위로 상태가 변화할 것이다. 세계적인 선수들은 이런 당구대의 특성을 정확히 파악하고 있으며 지속적으로 오차를 조정한다. 쿠션의 천 뿐만 아니라 새 당구공도 경기를 거듭할수록 당구대가 짧아지는 데 영향을 미친다.

▶ 프로 선수들의 대회에 참가해보지 않은 선수들은 위와 같은 상황에 직면했을 때 엄청난 불이익을 받는다. 그들이 얼마나 자주 이런 당구대에서 경기를 하겠는가? 일 년에 한두 번이 고작일 것이다. 그들은 실전 경험이 전무한 상태에서 프로 경기에 참여할 수밖에 없다.

▶ 대회가 끝나면 시모니스 300 쿠션은 몇 달 동안 계속 짧아질 것이다. 당구대 슬라이드도 줄어들어 더이상 대회용 당구대로 쓰일 수 없다. 쿠션의 천은 적어도 1년에 두번은 교체해 주어야 한다.

▶ 〈그림 374〉에서는 당구대의 상태에 따라 달라지는 수구의 진로를 나타내고 있다. 다시 말하지만 우리는 긴 당구대에서의 슬라이드를 테스트하고 있다.

▶ A, B, C, D는 쿠션의 상태에 따라 수구의 진로가 어떻게 바뀌는지 나타낸다. 네 가지 모두 시모니스 300 쿠션을 사용한 당구대에서, 쿠션이 살짝 눌릴 만큼 천을 팽팽히 유지하고, 새 공을 사용한 것이다.

▶ A는 한 번도 사용하지 않은 새 천에서의 진로이다.
B는 시합 때 하루 사용한 천에서의 진로이다.
C는 일주일 사용한 천에서의 진로이다.
D는 오래 사용한 천에서의 진로이다.

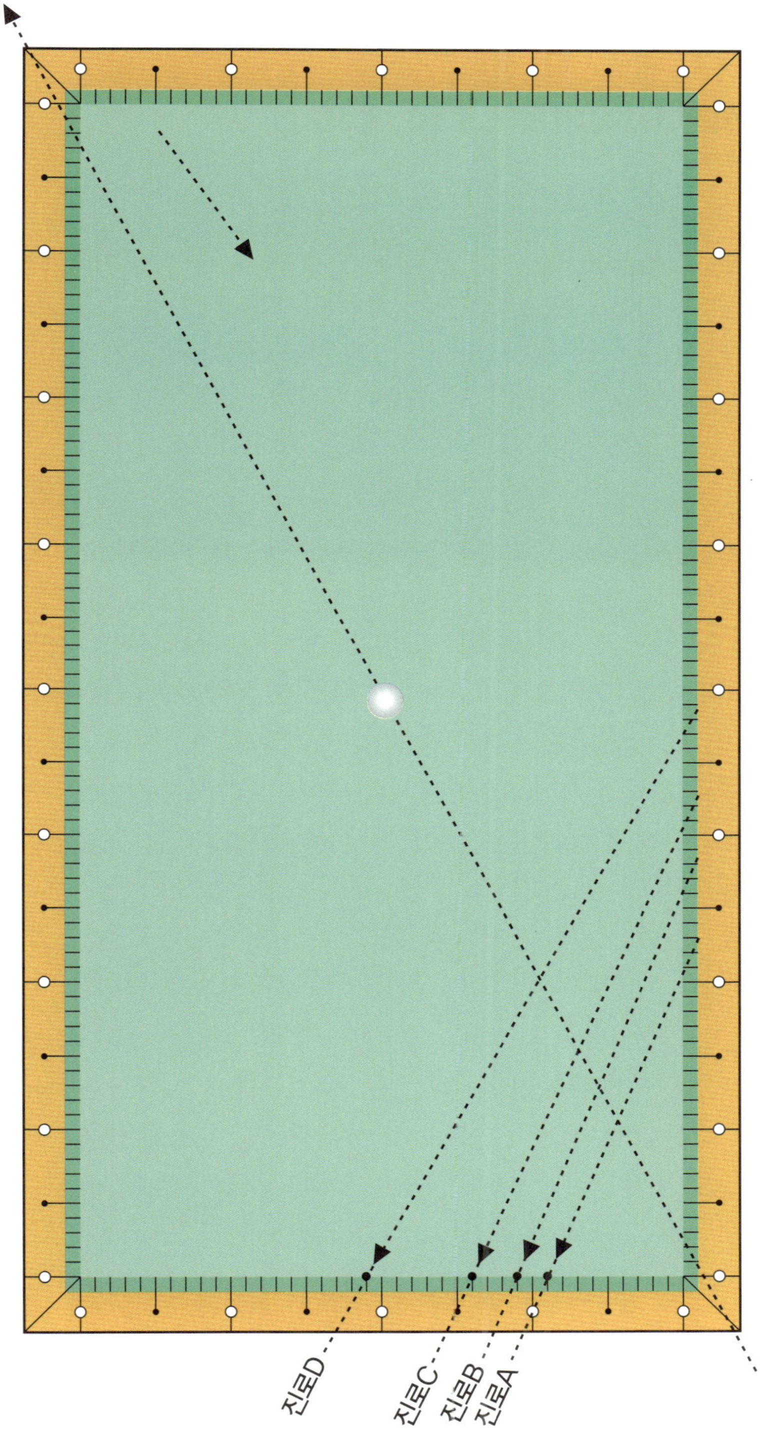

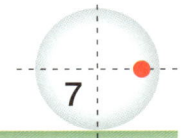

진로D 진로C 진로B 진로A

〈그림 374〉

EQUIPMENT

쿠션 4
More Cushion, Etc. Etc

▶ 보통 유럽 지역 선수들은 경기할 때 어느 정도 사용된 시모니스 300 쿠션보다는 더 슬라이드가 긴 당구대를 선호하는데, 시모니스 585 쿠션이 그 대안으로 쓰인다. 585는 300을 처음 깔았을 때만큼의 슬라이드가 나오지는 않지만, 내구성이 좋아 긴 슬라이드가 300보다 오래 지속된다. 비교적 싼 가격에 오랫동안 관리할 수 있는 것이다. 그렇다고 시모니스 300 쿠션을 두 달마다 교체해서 사용할 수도 없는 것이, 가격이 매우 비싸기 때문이다. 고로 585 쿠션이 보통 선수들을 만족시킬 수 있는 제품이라 할 수 있겠다.

▶ 캔스(Cannes) 지역 한 당구장에서 연습하는 리차드 비탈리스 선수는 일정 기간을 주기로 쿠션의 천을 교체했는데, 당구대 바닥의 천(라사)은 교체하지 않아도 공의 슬라이드가 유지되었다. 고로 비싸게 돈을 주고 새 공을 구입하지 않고서도 세계 대회급 당구대 상태와 유사하게 유지할 수 있었다. 또한 당구장 경영자에게 금전적 부담도 덜어주게 된다.

▶ 미국에서는 흔히 불량 왁스를 사용해 공을 닦다가 당구대의 쿠션이 손상되거나 끈적끈적해지는데, 이 경우 슬라이드가 불안정해진다. 이렇듯 당구장 경영자들이 슬라이드의 중요성에 대해 인지하지 못하는 경우가 많다. 또한 일반 동호인들도 당구대의 상태를 굳이 수준급으로 조절하려 들지 않는데, 게임의 수준보다 이기는 것이 더 중요하기 때문이다.

▶ <그림 374>에서는 일반 동호인들이 당구대의 상태가 달라질 때 직면하는 문제를 단적으로 보여 주고 있다. 미국에서 시합이 열릴 때 당구대의 상태는 대부분 A 혹은 B정도이다. 하지만 일반 동호인들은 지금껏 D나 그보다 더 심한 당구대에서 경기를 했으므로 시합에 나와서 정상적인 플레이를 할 수가 없다. 대회 경험이 많은 선수들이 이런 당구대에 잘 적응한다.

▶ 1994년 이상천 선수가 개최한 뉴욕 대회에서 사용된 당구대에는 A, 혹은 그보다 더 길었는데, 그의 당구공 관리법 덕분이었다. 시합에 참가한 세계 정상급 선수들 모두 당구대가 안정될 때까지 며칠을 헤매었다. 특히 1회전에서는 모든 선수가 이상천 선수가 사용한 공 세척제에 대해 불만을 표시했는데, 당구공의 슬라이드가 생각보다 훨씬 심했기 때문이다.

쿠션 5
Cushion End

▸ 쿠션을 교체한지 며칠이 지나면 수구의 진로는 살짝 짧아진다. 대개 이런 당구대에서 정상급 플레이가 펼쳐지며 신기록도 수립된다. 미국 선수들은 대부분 극심한 슬라이드로 인해 결선에 진출하지 못하고 대회 1, 2일 째에 탈락하는데, 이때는 초구도 노잉글리시로 쳐야 한다.

▸ **이상천** 선수는 1995년 뉴욕 대회에서 당구대의 상태에 약간 변화를 주었다. 천을 새로 교체하지 않았으며, 당구공 관리도 이전 해와 달리했다. 당구대의 상태가 나빴다는 소리가 아니다. 당구대 상태는 최상이었으며, 1994년 대회에서의 극심한 슬라이드는 제거되었다. 1995년 미국 평균 에버리지는 다른 어느 해보다 높았다.

▸ 참 이상한 것이, 꽤 많은 괜찮은 당구장 경영자들도 쿠션이 닳고 더럽혀지는 것을 방치한다는 점이다. 그들은 이렇게 대답한다. "손님들이 아직까지 불평하지 않아요.", "이 정도면 충분하죠."

▸ 한 70년 전쯤에 이미 쿠션의 탄성을 잃어버린 당구대를 아직까지 사용하고 있는 당구장이 적지 않다. 이런 쿠션들은 너무 오래된 것으로, 이제는 당구장 경영자들을 길거리로 끌어내 엄중하게 심판해야 한다.

▸ 세계 무대에서 경쟁할 수 있는 선수를 양성하기 위해 우리가 할 수 있는 최소한의 것은 바로 당구대 상태를 적절하게 유지하는 것이다. 그래야만 일반 동호인들도 이런 당구대에 익숙해질 것이다. 당구장 경영자라면 당구대 바닥의 천은 6개월에 한 번, 쿠션의 천은 그보다 더 자주 교체해 주어야 한다. 그리고 진공 청소기, 공 세척제, 당구대 덮개 등을 이용하여 관리해야 하는데, 요금을 시간당 300원 정도만 인상하면 된다. 선수들이 당구대 상태에 까다로워질수록 당구의 수준은 올라갈 것이다.

당구공
The Ball

▶ 필자는 오랫동안 당구 경기를 관찰해 오면서 당구대의 상태를 가능한 길게, 그리고 빠르게 만들기 위해 많은 노력을 해왔음을 알 수 있었다. 이러한 노력들은 득점력 제고를 위한 것이었다. 하지만 왜 정작 '당구공 관리'의 중요성은 깨닫지 못했을까? 당구공 관리의 중요성은 지난 수십 년 동안 간과되어 온 듯하다.

▶ 자신의 당구장에서 연습하는 세계 정상급 선수들은 당구공을 항상 새 공처럼 유지하기 위해 많은 노력을 기울인다. 현재 널리 사용되는 당구공 세척제나 왁스의 문제점은 광택이 너무 빨리, 즉 대개 40점 제 경기가 끝나면 거의 벗겨져 버린다는 것이다. 또한 왁스가 쿠션의 끝부분과 큐팁에 점차 누적되는 문제점도 발생한다. 미국에서 소위 잘나간다는 당구장에서 이렇게 왁스로 누적된 쿠션이 자주 눈에 띈다. 이 점을 잘 기억해 두기 바란다.

▶ 네덜란드의 당구장 경영자들은 마른 걸레로 당구공을 닦고 건조하게 유지한다. 우리의 상식과는 조금 다르지만, 덕분에 쿠션은 깨끗하게 유지된다.

▶ 필자는 여러 종류의 액체(세척제)를 사용해 봤지만 60점 제 경기를 견딜 만한 제품은 거의 없었다. 더 좋은 품질의 제품을 찾기 위해 돌아다니다가, 한번은 이런 일을 겪었다.

필자가 살고 있는 플로리다 코코아 해변엔 NASA 우주 센터 회원들이 모여 있는데, 그들이 하는 일에 대해 자주 이야기해 준다. 한번은 필자에게 우주선 머리 부분에 마찰을 방지하기 위해 사용하는 액체에 대해 말해준 적이 있다. 당연히 이 코팅제를 구해 당구공에 사용해 보았다.

이 제품을 당구공에 바르자 오랫동안 누적되어 있던 코팅이 모두 벗겨졌고, 이 제품의 코팅만이 약간 남아 마치 새 공처럼 보였다. 공은 아주 잘 굴렀으며, 새 공의 슬라이드를 보였고, 큐팁이나 쿠션 끝부분에 잔때도 묻지 않았다. 이 제품은 리퀴드 글래스(Liquid Glass)로 자동차용품점에서 구할 수 있다.

당구공 2
Ball Etc

- 당구공 코팅제로써 리퀴드 글래스는 1995년 플로리다 보카 라톤(Boca Raton)에서 열린 대회 때 첫 선을 보였다. 또한 초상급 애리미스(Arimith) 당구공과 시모니스 300 쿠션을 입힌 소가드 당구대가 사용되었으며, 쿠션의 천도 완벽하게 조립되었다.

- 주최 당구장의 경영자는 당구대가 짧아지는 것을 매우 의식했다. 그는 처음 리퀴드 글래스 제품을 소개받았을 때 관심을 보였지만, 정상급 선수들이 많이 참석한 관계로 사용을 꺼렸다. 그래서 대회 첫날은 이 제품을 사용하지 않았는데, 각도가 미세하게 짧아졌다. 실리콘으로 코팅을 입혀 놓은 새 당구공은 게임 중간중간에 왁스로 닦아 주었다. 둘째 날 중반에 접어들자 조금 더 짧아지기 시작했지만, 정상급 선수들은 이를 이미 예측했고 어떻게 대처해야 할지도 알고 있었다.

- 하지만 당구장 경영자는 이렇게 빨리 당구대(공)가 짧아지는 것을 원치 않았고, 둘째 날 경기 중반쯤에 아무에게도 알리지 않은 채 리퀴드 글래스 코팅제를 사용하였다. 이에 당구공은 즉각 새 공의 상태로 바뀌었고, 몇몇 선수들은 당황해 했다. 그들은 시간이 지날수록 각이 점차 짧아질 것이라 예상했지, 다시 슬라이드가 길어질 거라고는 생각지도 못했기 때문이다. **캐로스 할론(Carlos Hallon)** 선수는 아예 헤어나오질 못했는데, 몇 mm 차이로 많은 공들이 빠졌다. 반면 **이상천** 선수는 빠르게 적응했다. 매우 길어진 당구대에 당구장 주인은 흡족해 했다. 경기가 진행될수록 당구공은 다시 조금씩 짧아졌고, 40점 후에 다시 코팅을 입혔다. 신인 선수들은 이 대회로 인해 많은 교훈을 얻었다. 항상 변화하는 당구공의 상태에 적응하는 것은 필수적이며, 감각으로 플레이하는 선수는 이 점을 특히 명심해야 한다.

- 당구공을 따뜻하게 관리하면 더 먼 거리를 굴러간다. 당구공은 당구대와 함께 밤새 따뜻하게 보관해야 한다.

- 매 경기마다 사용되는 당구공의 상태가 동일해야 하는데, 사실 그렇지 못하다. 개인용 당구공을 사용할 수 있도록 허락해 주어야 한다.

Billiard ATLAS

Billiard ATLAS Chapter 10

기타
Misc.

필자는 1978년 **레이몬드 클르망** 선수의 경기에 심판을 본 적이 있다. 그는 시카고 지역 최고 선수들을 상대로 당시로서는 놀랄만한 기록인 에버리지 1.6을 마크했다. 이 후로 클르망 선수는 당구에 관한 어떤 질문이건 답할 수 있게끔 자신의 기량을 끌어올렸다. 그는 특히 필요한 모든 힘은 손으로 충당할 수 있다고 강조했다.

클르망 선수는 언제나 다른 선수들에 대한 조언을 아끼지 않았는데, 몇몇 그릇이 작은 마니아들이 받아들이기엔 너무 벅찼다. 그들은 클르망 선수의 한 마디 조언이 얼마나 값진 것인가를 깨닫지 못했다.

세계 정상급 선수들에게 코치를 받는다는 것은 굉장한 행운이다. 안타깝게도 미국에 세계 레벨의 선수는 **이상천** 밖에 없다.

만일 선수가 전(前) 챔피언들에게 강습을 받고, 헌신적으로 당구에 대해 연구한다면 경쟁에서 살아남을 수 있다. 실제로 우리 주변어는 뛰어난 교수력을 가진 정상급 선수들이 즐비하다. 대회 경험을 쌓고 세계적인 선수들과 겨루다 보면 반드시 모두가 두려워하는 선수가 될 것이다.

에프렌 레예스(Efren Reyes) 선수의 주종목은 비록 포켓볼이지만, 보크라인 세계 최고수 중 한명이다. 10년 전에는 레예스 선수의 스리쿠션 기량 역시 미국 최고 수준이었다.

이 장에서는 수준급 지도자의 필요성 등 몇 가지 다른 분야를 다룰 것이다. 또한 스폰서를 구하는 기발한 방법도 소개하고 있다. 상금을 지원해줄 스폰서를 구하는 것은 당구 활성화를 위해 반드시 필요하다.

- 조사
- 교육
- 미국의 대회 규정
- 50이닝
- 선수들에게 보내는 공개장
- 선수들에게 보내는 공개장 2
- 아이언 윌리
- 기타
- 로버트 번의 시스템
- 로버트 번의 시스템 2

조사
Survey

▶ 떠오르는 미국 프로 선수인 소니 조(Sonny Cho)와 캐로스 할론(Carlos Hallon) 선수에게 이런 질문을 한 적이 있다. "기량 향상을 위해 가장 중요한 건 무엇이라고 생각합니까?" 그들은 이렇게 대답했다. "세계 대회에서의 경기 경험입니다."

▶ 필자가 같은 질문을 마진 슈니(Mazin Shooni) 선수에게 던졌을 때, 그는 "스트로크에 대한 지식"이라고 대답했다. 즉 스트로크에 대한 올바른 지도가 필요하다는 것이다.

▶ 위의 세 명은 모두 에버리지가 1.0이 넘지만 기량을 더욱 향상시키려고 하는 선수들이다. 만약 여러분이 수준급 선수들과 경기를 하는 행운을 갖게 된다면, 공격 에버리지는 확실히 높아질 것이다. 정확한 샷을 관전할 수 있기 때문이다. 그들이 어떻게 끊어치는지, 샷 하나에 얼마나 주의를 기울이는지, 초이스는 어떻게 하며 포지션은 어떻게 세우는지 더욱 쉽게 배울 수 있다. 조금 의심가는 점이 있다면 경기 후에 토론해 볼 수도 있다.

▶ 지난 20년 동안 레이몬드 클르망 선수는 세계적 선수들의 선구자 노릇을 해왔다. 클르망 선수가 가진 지식의 도움으로 이 선수들이 발전할 수 있었고, 현재의 높은 에버리지에 이르게 되었다.

교육
Coaching

▶ 다음은 『월드 리포트 3쿠션(World Report 3-Cousion)』이란 잡지에 게재된 흥미로운 기사를 발췌, 요약한 것이다.

❖❖❖

▶ 대부분 스포츠의 경우 제도화된 코치나 트레이너, 혹은 교육 기관이 있어 회원들에게 종목을 중점적으로 지도하고 있지만, 당구는 그렇지 못하다. 일반 당구 동호인들은 매주 인근 당구장에서 만나 경기를 즐기는 것이 고작이다. 물론 동료들에게 몇 가지 사항에 대해 지도를 받기는 하지만 말이다.

▶ 당구에 투자하고자 하는 마니아들은 기꺼이 강의를 받을 것이다. 하지만 자금이 부족한 사람들은 적당히 플레이할 뿐, 결코 경기력을 향상시킬 수 없다. 80~90년 전에 스리쿠션 게임이 시작되었지만 바뀐 것이 거의 없으니, 이제 우리는 조금 깨어나야 하지 않을까?

▶ 만약 다른 스포츠처럼 당구장에 코치나 트레이너를 고용한다면 경기 수준은 향상될 것이고, 사람들은 진정으로 당구를 즐기기 시작할 것이다. 기량이 부족한 선수들도 에버 0.3에서 0.5로, 0.5에서 0.8로 점점 실력을 키울 수 있을 것이다. 마의 벽 1.0을 넘는 대선수의 탄생은 제쳐두고라도 말이다.

▶ 당구계는 지금까지 너무 오랫동안 소극적으로 활동해 왔다. 아무도 당구의 기술적 측면이나 정신적 측면에 주의를 기울이지 않았다. 우리가 스스로 변화해야 만이 당구는 존경받는 스포츠, 모두가 즐길 수 있는 스포츠로 거듭날 것이다.

▶ 일반 동호인들이 동료들과 일상적으로 경기를 즐기면서 매주 강의도 듣는다면 더할 나위 없이 좋을 것이다. 이제 오랫동안 지속되어 왔던 교육에 대한 무관심은 사라질 것이다. 지금 우리가 바꿀 수 있다.

미국의 대회 규정
USA Tournament Formats

▶ 국제 대회의 규정이 15점제로 바뀐 것은 **레이몬드 클르망** 선수에겐 손해였다. 그는 세계 최고의 선수인데, 왜 이러한 규정을 참고 받아들여야 할까? 이유는 간단하다. 15점제로 바뀐 후 경기가 더욱 박진감 있어졌고, 더 원활히 진행되었기 때문이다.

▶ 미국의 규정은 40년 동안 바뀌지 않아서, 1950년대의 형태를 답습하고 있다. 주말에 대회가 열리면, 금요일과 토요일 사이에 280점(7경기)을 치는 선수를 쉽게 찾아볼 수 있다. 만일 그가 결선에 진출하게 되면 일요일에 다시 280점을 쳐야 한다. 오전 9시에 첫 경기가 열려 자정이 다 돼서야 끝난다. 고로 대회의 질은 떨어지게 된다. 과연 어떤 선수가 이렇게 장시간 동안 고통스럽게 집중력을 쏟아부으려 하겠는가? 일요일 저녁에 다른 일이 있거나 가족과 함께 시간을 보내려는 선수들도 있고, 이 마라톤을 감당할 수 없는 나이 든 선수들도 있다. 위의 모든 사항이 대회의 흥행과 관련이 있다. 이러한 규정을 고안해낸 자들에게 책임을 물으면 그들은 관대하고 무결한 척 하겠지만, 그 이면에는 당구에 대한 광기가 숨어있다. 그들은 아무 것도 바꾸려 하지 않는다. 대회 상금은 반드시 일류 선수들이 타가야 한다는 구식 사고방식에서 벗어나지 못하고 있다. 하지만 15점제로 전환하면 더 많은 선수들이 흥미를 갖고 대회에 참가할 것이다.

▶ 대회의 수도 적을 뿐더러, 몇 안 되는 대회의 참가비 역시 너무 비싸다. 현재 2인 1조, 4인 1조 경기 대회나 시니어 대회도 존재하지 않는다. 2인 1조 경기를 추진하면 위에서 언급했던 문제점들을 상당 부분 해결할 수 있을 것이다. 15점제 경기는 미국에서 거의 시행되지 않는다. 하지만 미국 당구계에서 저지른 가장 부당한 조치는 선수 랭킹을 매기지 않는다는 것이며, 이런 나라는 미국 밖에 없을 것이다. 현재는 선수들의 상대 전적에 대한 자료 작성을 무시하고 있지만, 이는 옳지 못한 행위이다.

50이닝
Fifty Innings

- 작년 래더 클럽(ladder club : 사다리 게임)이라고 불리는 새로운 경기 방식이 시카고에서 시작되었는데, 많은 관심을 불러일으켰다. 이 경기의 규정은 선수마다 50이닝을 공격하는 것이다. 3경기가 끝나면 그의 에버리지가 결정이 되고, 이에 따라 순위가 매겨진다. 한번 순위가 정해지면 선수는 자신보다 바로 윗 단계에 있는 2명의 선수에게 도전을 함으로써 순위를 바꿀 수 있다. 만약 아래 순위의 선수가 승리하게 되면, 윗 순위의 선수와 위치를 바꾼다. 두 선수의 랭킹 차이는 아래 순위 선수가 경기에서 받는 핸디캡이다.

- 40명의 선수가 첫 대회에 참가했고, 이 대회는 아주 유명해졌다. 지금도 시카고 크리스의 당구장에서 진행되고 있으며, 다음 대회에 참가하기 위해 한 팀이 대기하고 있는 중이다. 대회는 연중 계속해서 개최되며, 경기 방식은 다양하다. 선수들이 각각 편한 시간에 따라 시합 시간을 결정한다(대개 전화를 사용한다).

- 공식적인 경기 규정은 다음과 같다. 경기는 공개적으로 진행된다. 40이닝 동안 선수들이 따낸 득점은 계속 평균이 매겨지는데, 80%를 곱하여 순위를 정한다. 4개의 베호벤(Verhoven)제 당구대에서 최대 40명의 선수가 경기를 한다. 보통 매주 20경기가 치뤄진다. 도전은 2주일 내에 받아들여져야 하는데, 그렇지 않을 경우 벌금이 부과된다. 대회 참가비는 $20이니 경기당 $2인 셈이다. 게임비는 패자가 계산한다. 래더 클럽은 혹시 발생할 문제 해결을 위해 운영진과 위원회를 두고 있으며, 상금도 있다.

- 이 경기 방식에 대해 조금 더 알고 싶다면, 시카고 출신의 베테랑 선수 **프랭크 본진스키(Frank Bondzinski)**에게 문의하기 바란다. 그의 주소는 1301 Ironwood Drive, Mount Prospect, Ill. 60056-1441이다.

선수들에게 보내는 공개장
Open Letter To The Billiard Player

▶ 이 글은 당구 선수들에게 기부를 간곡히 부탁하는 글이니 양해를 구한다. 물론 지금 당장 기부하라는 것이 아니라, 선수가 세상을 뜬 후에 말이다. 여러분은 죽고 난 후 많은 돈을 상속인들에게 넘겨줄 것이다. 하지만 불과 몇 년 후면 당신이 돈을 상속해 주었다는 사실조차 잊혀질 수도 있으며, 이는 매우 불행한 일이 아닐 수 없다.

▶ 먼 훗날 여러분의 후손들은 당신이 존재했다는 사실조차 모를 것이며, 대부분은 자신이 열심히 일해서 돈을 벌었다고 주장할 것이다. 또한 50년만 지나면 당신의 이름은 친족들에게 잊혀질 가능성이 높다. 슬프지만 현실이다. 여러분이 다른 결심을 내리지 않는다면 재산은 친족들에게 상속될 것이다. 상속만 하면 모든 게 잘 해결될 것 같지만, 몇몇 사람들은 너무 적은 돈을 상속받았다고 불평하며 당신을 욕할 것이다.

▶ 필자는 여러분의 이름이 수십 년 동안 기억되면서 일가 친척들도 만족시킬 수 있는 방법을 알고 있다. 우선 여러분의 재산이 얼마나 되는지 친족들이 모르게 하라. 둘째로 여러분들의 재산 중 20%를 고귀한 목적을 위해 할당하라. 여러분이 가슴 깊이 사랑했던, 수십 년 동안 즐겨 온, 그리고 인류가 시작된 이래로 가장 사람을 빠져들게 만들었던 스리쿠션 게임에 기부한다는 사실을 친족들은 잊지 않고 자랑스러워 할 것이다.

▶ 구체적인 방법은 다음과 같다. 유언장에 여러분의 재산 중 20%를 스위스 은행에 예치한다고 명시하라. 그 돈이 어떻게 사용될 것인지, 그리고 연이율이 어떻게 대회 자금으로 조달될 것인지도 설명하라. 인플레이션도 고려해야 한다. 만일 $100,000를 예치한다면 연간 $8,000(연이율 8%) 정도가 대회 자금으로 쓰일 수 있을 것이다.

▶ 만일 여러분의 이름을 건 대회를 5년마다 한 번씩 개최한다면 총 대회 자금은 $50,000에 육박할 것이다. 선수들의 출전료까지 감안하면 총 상금은 $75,000로, 미국에서 가장 큰 대회가 될 것이다.

선수들에게 보내는 공개장 2
More Letter

▶ 당구계의 원로들이 대회를 관리해 줄 것이며, 많은 선수들이 기부 문화에 동참할 경우 여러 가지 변화가 일어날 것이다. 여러분의 이름을 딴 대회가 하나둘씩 생겨나게 될 것이다. 예를 들면 칼 라이보비치(Carl Liebovich) 오픈, 크리스 크리스만(Chris Chrisman)배 그랜드 슬램, 시드 배너(Sid Banner)배 2인 1조 당구 대회, 리치 스크레이저(Rich Schraeger)배 시카고 오픈, 빅 카스틸(Vic Kastil)배 프로 당구 대회 등이다.

▶ 여러분은 미국 내 수많은 포켓볼 선수들도 참가시킬 수 있을 것이다. 왜냐하면 국내에 기량은 출중하지만 수입이 많지 않은 포켓볼 선수들이 수만 명 존재하기 때문이다. 이런 출중한 선수들이 스리쿠션 대회에 참가해 경쟁한다는 건 생각만 해도 짜릿한 일이다. 또한 국내에는 장래가 촉망되는 신인 스리쿠션 선수들도 상당수 존재한다. 상금이 풍부하다면 이들이 한자리에 모여 선의로 경쟁할 수 있을 것이다.

▶ 몇몇 여유가 있는 사람들의 기부만으로도 큰 변화가 생길 것이다. $300,000 혹은 $1,000,000 기부가 시작되면 국가 전체적으로 당구 붐을 일으킬 수 있을 것이다. $300,000로도 5년에 한 번 대규모의 당구 대회를 개최할 수 있다. 더욱 중요한 것은 향후 몇 년 동안 미국 당구계의 기반을 새롭게 다질 수 있게 된다는 점이다. 필자의 이러한 제안은 미국 말고도 그리스, 터키, 한국, 아르헨티나, 멕시코 등 스리쿠션이 활성화되어 있는 모든 나라에서 적용될 수 있다. 인생은 단 한번 살면 끝이다. 하지만 기부로 인해 여러분의 이름은 친족들에게 오랫동안 기억될 것이며, 당구 수준도 드높일 수 있을 것이다. 여러분의 변호사에게 전화를 걸어 유언장에 사인을 하라. 이러한 기부 문화는 가슴에서 우러나오는, 가장 아름답고 의미있는 일이 될 것이다.

아이언 윌리
Iron Willie

- 미시건이나 플로리다 주에는 '아이언 윌리'라고 불리는 로봇이 있다. 그는 포켓볼의 해묵은 문제들에 대한 해답을 찾기 위해 사용된다. 한번은 수구의 디플렉션/커브에 관해 실험했었다. 그 결과 큐 제조업체들은 디플렉션을 줄일 수 있는 큐를 잇따라 선보이고 있다.

- 언젠가는 아이언 윌리를 이용해 스리쿠션의 제반 문제들 빠른 쿠션, 수구의 무게, 심한 슬라이드 등에 대해서도 실험을 할 것이다. 그렇게 되면 문제들에 대한 더 많은 해결책을 찾을 수 있을 것이다.

- 다양한 속도에서 수구의 디플렉션/커브를 보여 주는 '스피드 포토그래피' 기계를 사용하면 큰 도움이 될 것이며, 디플렉션/커브가 일어나는 거리를 더욱 명확히 밝혀낼 것이다.

- 데니스 디크만(Dennis Diekman) 선수는 이 분야의 전문가이다. 만일 수구의 디플렉션/커브를 줄여 주는 맞춤형 큐를 갖고 싶다면 그를 찾아가라. 그는 유명 큐 제조업체들과 함께 일할 뿐만 아니라, 그의 연구실에서 큐 제조법을 강의하고 있다.

- 큐 제조법을 담은 그의 유명한 비디오 테이프도 구할 수 있다. 그의 연락처는 313-428-1161이다.

기타
Misc

▶ 다가오는 올림픽에서 당구는 확장 일로에 서 있다. 당구는 올림픽 정식 종목으로 채택될 것이며, 대중화에 큰 영향을 미칠 것이다. 필자가 추측건대 유럽 쪽에서는 미국 선수들이 포켓볼 메달을 독점하는 것을 좌시하지는 않을 것이며, 스리쿠션도 독자적으로 올림픽 종목에 채택될 것이다.

▶ 그동안 우리는 힘을 모으지 못했다. 하지만 우리의 위대한 챔피언 **이상천** 선수는 촉망되는 선수를 교육하는 데 힘썼고, 몇몇은 자신과 함께 세계 대회에 데리고 갔다. 이러한 그의 노력 덕분에 적은 스리쿠션 인구에도 불구하고 강력한 미국 대표팀을 구축할 수 있었다.

▶ 세계 톱10 선수들의 에버리지는 1.34~1.59 정도이다. 최근 월드컵 대회에서 톱20 선수들의 에버리지도 거의 평준화되고 있는데, 0.976~1.34 사이이다.

▶ 1996년 국가 대항전에서의 에버리지는 스페인 1.02, 포르투갈 0.910, 멕시코 1.077, 콜롬비아 0.954, 니카라구아 0.806, 코스타리카 0.794, 베네수엘라 0.605, 우루과이 0.696, 칠레 0.651, 볼리비아 0.534 였다. 네델란드에서 열린 주니어 선수권에서 평균 에버리지는 0.742였고, 오스트리아 시니어 선수권에서 톱10 선수의 에버리지는 0.511, 오스트리아 BWA 월드컵 대회는 0.856이었다.

▶ 네델란드의 유명한 스리쿠션 코치인 **제라드 클린커트(Gerard Klinkert)**는 항상 200명 이상의 선수들을 가르치고 있지만, 미국 내 유명 선수들이 교육하는 학생은 10명도 채 안 될 것이다. 우리나라 학생들은 겨울잠을 자고 있는 것인가?

▶ **제라드** 덕분에 『빌리어드 아틀라스 2권』은 네델란드어로 번역될 수 있었다.

▶ 디펜스에 관해서 **세미 시그너** 선수는 말하길, "(디펜스를) 왜 하지 않겠습니까. 터키에서도 흔히들 합니다."라고 대답했다.

▶ 월드컵 대회 후 맥주를 마시는 자리에서 선수들이 "만약 **레이몬드 클르망** 선수가 디펜스를 하지 않았다면, 아직도 세계 챔피언이었을 것이다."라고 말하는 것을 들었다.

로버트 번의 시스템
Via Robert Byrne

▶ 책의 말미는 화려하게 장식해야 하는 법인데, 지금 이 시스템을 소개하는 것이 딱 적합할 것 같다. 만일 초심자에게 딱 한 가지 시스템을 가르쳐야 한다면, 바로 이 시스템일 것이다. 필자가 이 놀라운 시스템에 처음 관심을 갖게 된 것은 플로리다주 마이애미에서 열린 스리쿠션 대회에서이다. **로버트 번** 선수가 필자에게 3포인트 시스템(Opposite-Three System)에 대해서 알고 있냐고 물었다. 그가 대략 시스템을 설명해 주었는데, 필자는 처음 듣는 내용이었다. 번 선수는 이 시스템이 미국의 유명한 스리쿠션 선수에 의해 이제서야 베일을 벗게 되었다고 덧붙였다.

▶ 시스템을 체크해 보기 위해 우리는 고속도로를 질주하여 빌 말로니 선수가 운영하는 '코너 포켓' 당구장으로 갔다. 몇 차례 검증을 거친 후에 번 선수가 매우 소중한 시스템을 부활시켰다는 것을 알 수 있었다. 유명한 작가이기도 한 번 선수는 1996년 3월호 『빌리어드 다이제스트』에 이 내용을 게재하여 당구계에 알리기로 결정했고, 『빌리어드 아틀라스 3권』에도 실리게 되었다.

▶ 이 시스템의 골자는 수구가 장축 3포인트 앞부분을 겨냥했을 때, 수구 시발점의 경상(鏡像, mirror image) 지점으로 수구가 진행한다는 것이다. 〈그림 375〉에서 수구는 3포인트 앞을 겨냥하고 있고, 수구의 시발점은 A이다. 4쿠션 지점은 A의 경상인 B가 된다. A와 B는 각각 코너에서 같은 거리만큼 떨어져 있다는 사실을 명심하라.

▶ 〈그림 376〉에서는 수구의 위치가 좋지 못한데, 4쿠션 지점 B로 진행시키려고 한다. B의 경상(A)을 찾고, A 지점에서 3포인트 앞을 통과하는 가시선을 그어라. 그 선을 당구대 7피트 너머에 위치한 '벽의 한 지점(spot on the wall)'까지 연장시켜라.

▶ 수구를 '벽의 한 지점'에 겨냥하면 B로 향할 것이다. 큐는 평행하게 유지한 채 투팁의 당점을 적용하라. 수구의 속도는 4이고 풀 팔로-스루 스트로크가 적용된다.

1
2
3
4
0.7포인트
B지점
A지점
0.7포인트
〈그림 375〉

4

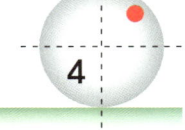

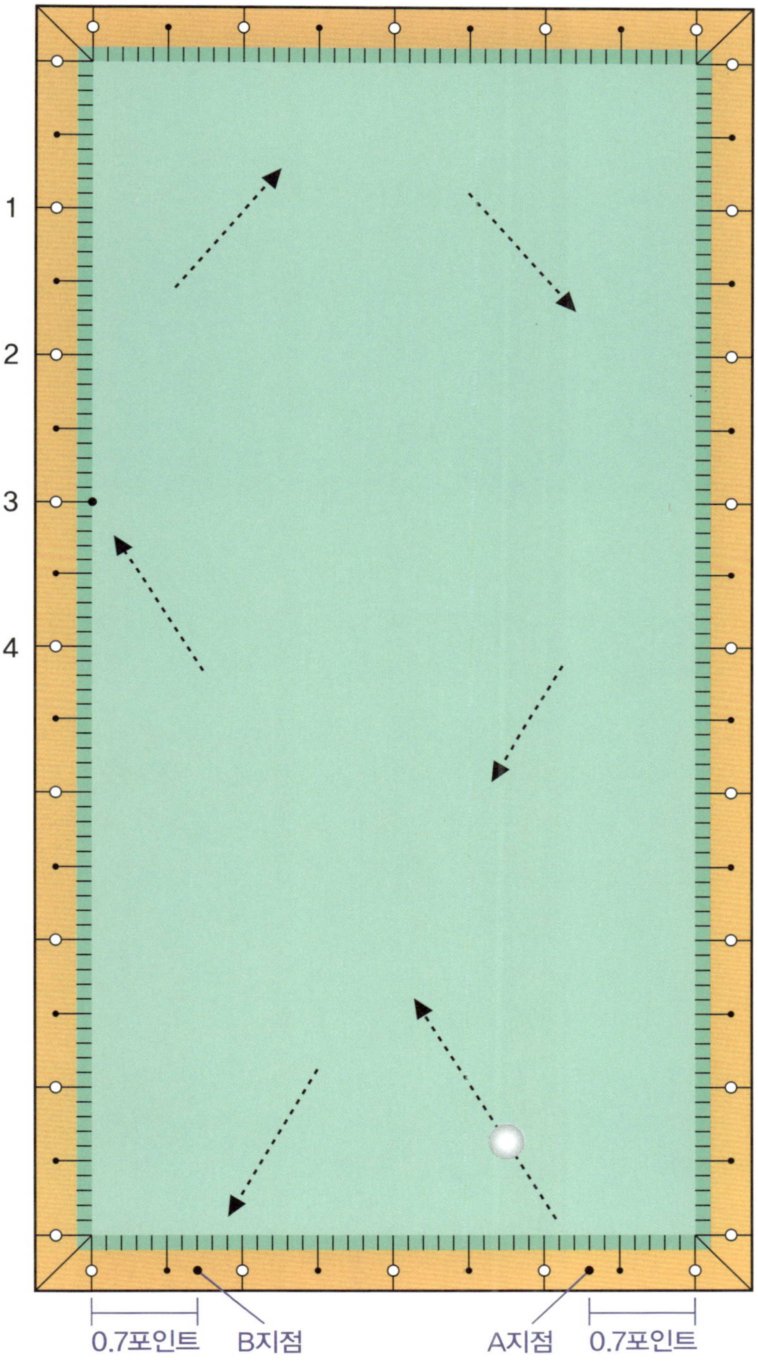

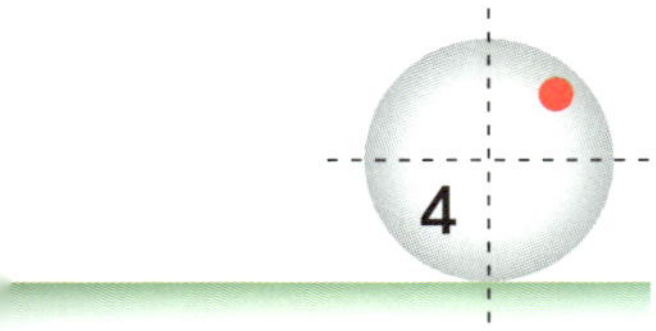

← 당구대 7피트(2.1m) 너머 위치한 '벽의 한 지점'을 향해.

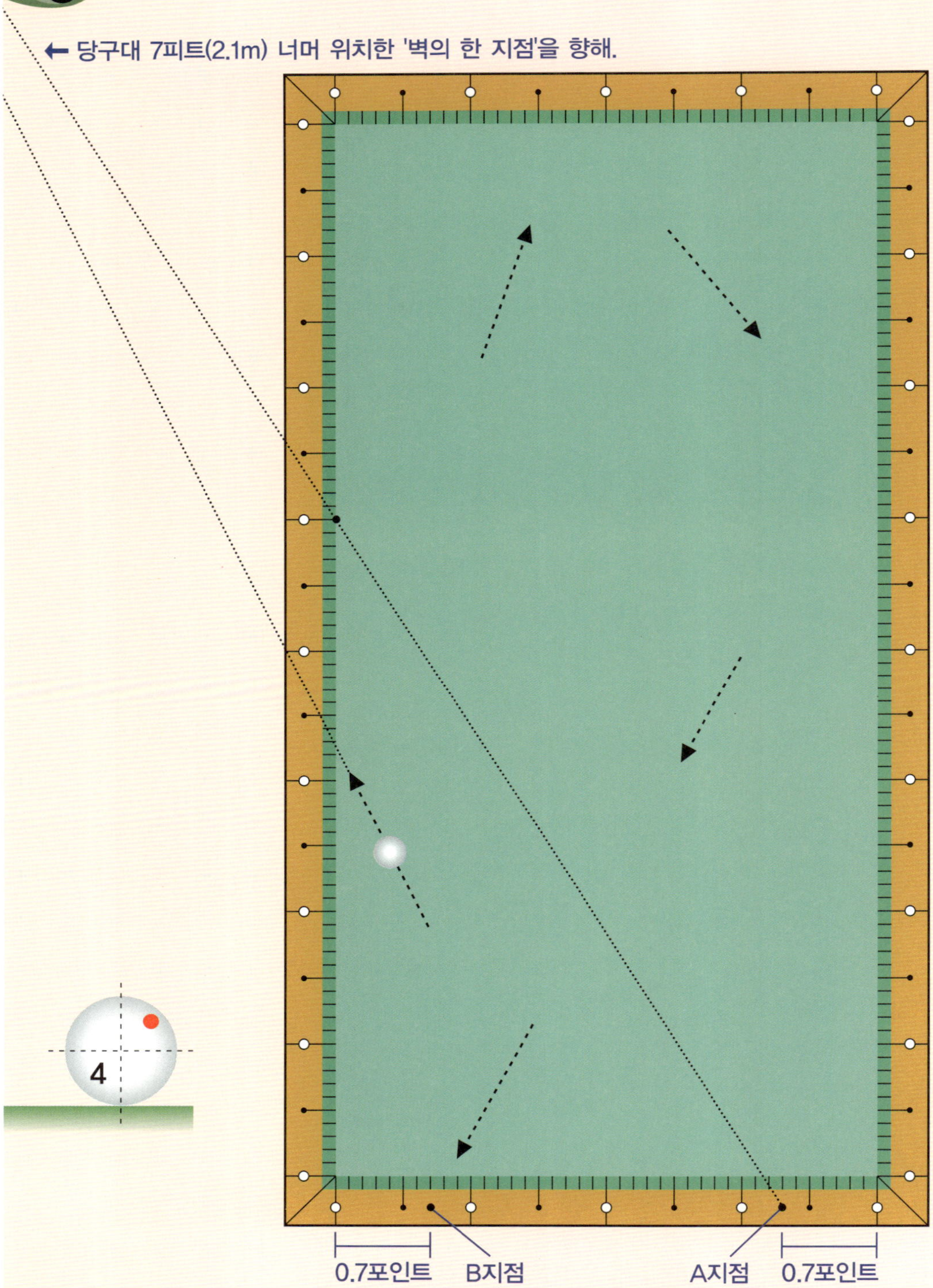

0.7포인트 B지점   A지점 0.7포인트

〈그림 376〉

로버트 번의 시스템 2
More Byrne

▶ 3포인트 시스템은 수구 시발점이 장축인 경우에도 적용 가능하다.

▶ 〈그림 377〉에서 수구의 시발점은 장축상에 위치한 A이다. A의 경상은 B이고, 4쿠션 지점이 된다. A에서 3포인트 앞을 겨냥해 샷하면 B로 향할 것이다.

▶ 〈그림 378〉에서 수구의 위치는 좋지 않지만, 4쿠션 지점은 동일하게 B로 보내려고 한다. A에서 3포인트 앞을 지나는 가시선을 긋고, 이 선을 당구대 6피트 너머에 위치한 '벽의 한 지점'까지 연장시켜라. 4쿠션 지점 B로 수구를 진행시키기 위해서는 '벽의 한 지점'을 겨냥해야 하며, 1쿠션 지점을 잘 확인하라.

▶ 수구의 위치 C에서 이 시스템을 적용해 보라. C의 경상은 D이다. 수구를 3포인트 앞으로 겨냥한 후 D로 돌아오는지 확인하라. 만약 수구가 C에 위치하지 않을 경우 '벽의 한 지점'의 원리를 사용하라.

▶ 만일 1적구를 맞히고 난 후 '벽의 한 지점'으로 진행시키고자 할 경우, 수구의 당점을 조정하거나 1쿠션 지점의 위치를 살짝 변경시켜야 한다. 수구의 커브에 따라 조정값은 다양하게 변한다.

▶ 이 시스템은 일정한 구역에서만 적용되므로, 여러분의 스트로크에 맞춰 한계 구역을 설정하라.

▶ 당구대로부터 '벽의 한 지점'까지의 거리는 매우 정확해야 한다. 이 거리는 수구와 1쿠션 지점 사이의 거리와 동일하다. 아마도 5피트(1.5m)에서 10피트(3m) 사이일 것이다.

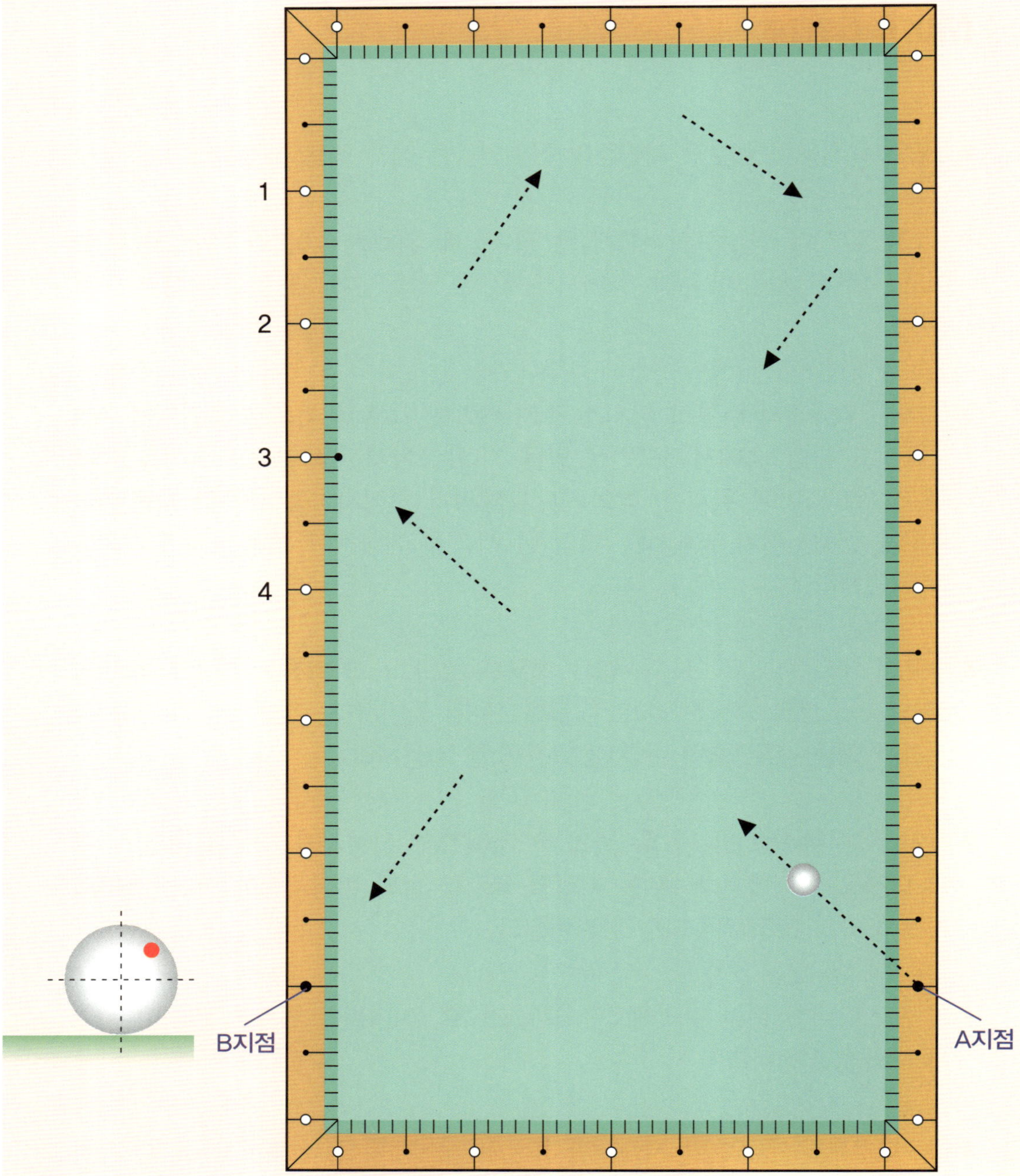

〈그림 377〉

198 **BILLIARD ATLAS** 시스템과 테크닉에 관한 연구

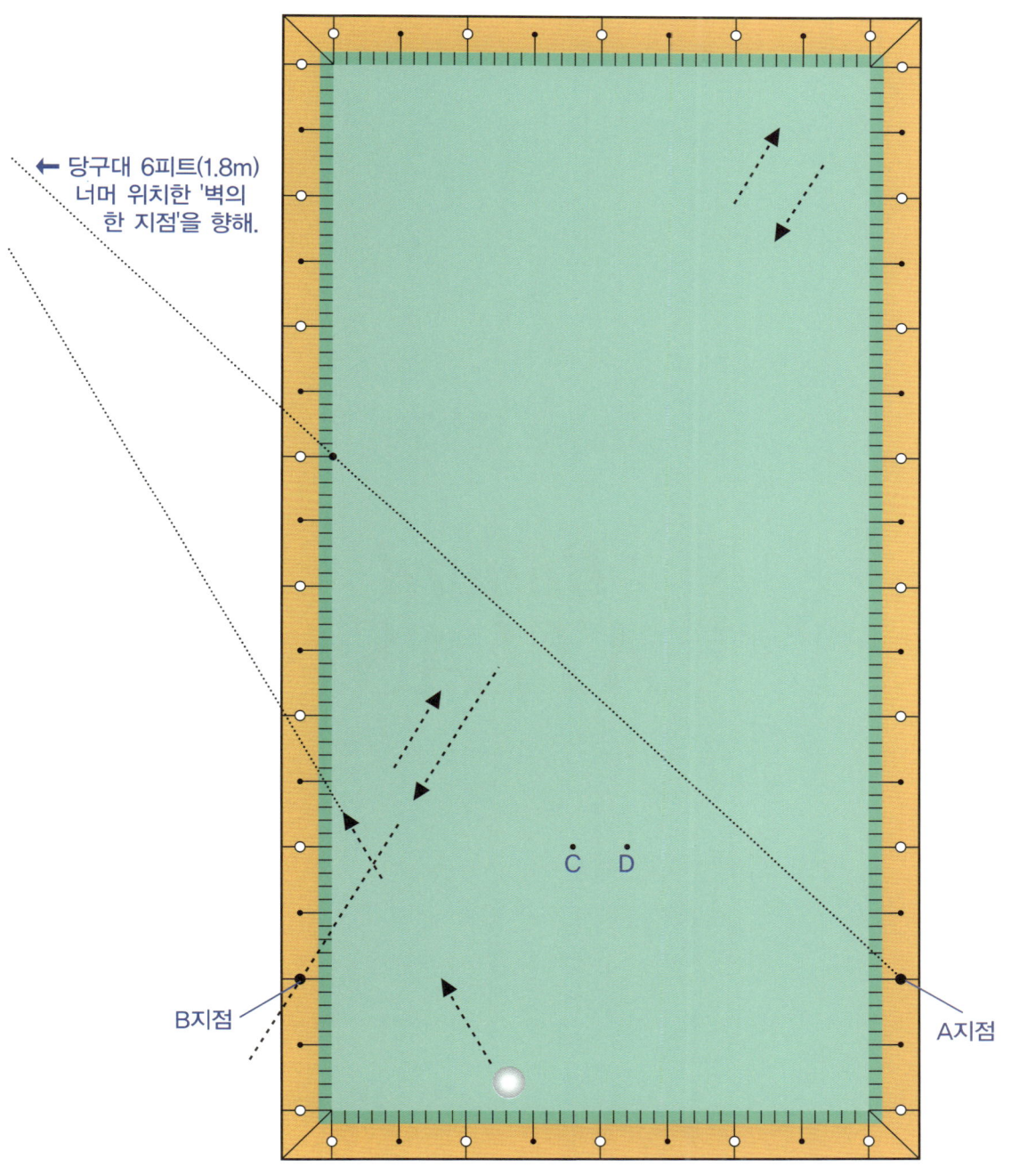

〈그림 378〉

저자 후기(Author's Page)

『빌리어드 아틀라스 3권』에는 환상적인 자료들을 모아놓았습니다. 만일 50년 전에 이 정보들을 알았더라면 하는 생각도 해 봅니다.

대개 테크닉을 시스템에 비해 덜 중요시해 왔는데, 이 책에서는 매우 중요한 테크닉들을 소개하고 있습니다. 3단 더블쿠션(Dive Back), 프로즌 볼(Frozen Object Ball) 같은 테크닉은 경기 중 자주 등장합니다. 개인적으로 필자는 변화폭 2.8(Spread 2.8)과 변화폭 1.4(Spread 1.4) 테크닉을 적용함으로써 난구를 아주 쉽게 해결할 수 있게 되었습니다.

수구의 속도에 따라 움직임(커브/디플렉션 등)이 변한다는 건 일급 정보입니다. 이와 더불어 스트로크 연구(Magic cure), 정신력(Mental Game)을 공부하고 난 후 필자는 기본 원리를 몰라서 미스한 공이 상당히 많다는 사실을 새삼 깨달았습니다.

여러분은 정상급 선수들이 오직 감각만으로 플레이한다는 얘기를 들어본 적 있습니까? 저는 당구의 가장 중요한 부분인 지식이 과연 지금까지 제대로 다뤄졌는지 의심해 봅니다. 지식이 부족한 상태에서 어떻게 감각만을 사용하여 득점에 성공할 수 있습니까? 선을 알지 못하면 키스와 포지션을 조절하는 건 불가능합니다.

기본 원리를 먼저 배운 후에 시스템과 테크닉을 연구하여 득점 방법을 습득하는 건 어떻습니까? 수구의 선을 계산하는 것이 관건입니다. 시스템을 연습하면서 감각도 사용해 보십시오.

필자는 과거에 감각에 대해서 모호한 입장을 취해 왔는데, 지금 이 순간 제 입장은 지식이 뒷받침될 때만이 감각이 유효하다는 것입니다.

여러분은 '3포인트 시스템(Opposite- Three System)' 에 주의를 집중해 봄으로써 이것을 증명할 수 있습니다. 초심자가 3포인트 시스템을 앎으로 인해 경기 자체가 얼마나 달라질지 여러분은 상상해 보셨습니까? 『빌리어드 아틀라스 1~3권』에서 소개한 정보들도 마찬가지입니다. 시스템을 앎으로 인해 경기력은 비약적으로 상승할 것입니다.

중요한 사실은 지금도 절대 늦지 않았다는 것입니다.

용어 정리

Average(에버리지)
선수의 1이닝 평균 득점

Cousion(쿠션)
당구대의 가장자리를 둘러싸고 있는 경계. 공이 튕겨져 나오는 부분. 레일(Rail)이라고도 부른다.

English(잉글리시/당점)
공을 스트로크할 때 수구에 주는 회전

Follow(팔로)
수구가 목적구를 맞고 나서 계속 앞으로 구르는 회전

Kiss(키스)
득점 실패의 원인이 되는 두 공의 우발적 부딪힘

Masse(마세)
큐의 뒷부분을 위로 들어 수구를 내리 찍는 샷

Miss(미스)
득점에 실패한 경우

Position(포지션)
다음 샷을 쉽게 풀어낼 수 있도록 수구와 목적구를 배치하는 것

Reverse-English(리버스-잉글리시/역회전)
수구가 쿠션을 맞고 진행하는 방향과 반대 방향의 회전

Reverse-the-rail(더블레일)
수구가 첫번째 쿠션-두번째 쿠션-다시 첫번째 쿠션을 맞고 3쿠션 득점에 성공하는 샷

Running English(러닝 잉글리시)
수구가 쿠션에 맞은 후 회전력이 살아나가는 것

Saftey(디펜스)
득점엔 실패하더라도 상대방에게 어려운 뒷공을 주는 것

Short rail(단축)
쿠션의 짧은 축. 길이는 장축의 1/2이다.

Shot(샷)
득점하려는 시도

Skid(스키드)
당점을 아래 주었을 때 일정한 거리만큼 회전을 멈추는 경우

Slide(슬라이드/미끌림)
쿠션이나 공이 새것일 경우 공이 보다 넓은 각으로 반사되는 것

Ticky(구멍치기/쿠션 안으로 걸어치기)
수구가 같은 쿠션을 2번 맞고 3쿠션 이상을 성공시켜 득점하는 경우

Track(선)
예상 가능한 수구의 진로

Umbrella(엄브렐라)
수구가 1적구에 맞기 전에 2쿠션 이상 먼저 맞추는 샷

― 위의 내용 중 대부분은 『당구 용어 사전(Illustrated Encyclopedia of Billiards)』에서 발췌한 것입니다. 이 책의 저자는 마이크 샤모스(Mike Shamos)입니다. 반드시 암기하기 바랍니다. ―

번역 용어

Adjustment 조정
Alignment 교정 / 교정선
Allowance 오차 조정 / 조정값
Basic Track 기준 트랙
Cue Ball Movement / Behavior 수구의 움직임
Cue Ball Spin 수구의 회전
Cue Ball Origin / Cue Ball Number 수구의 시발점 / 수구 수
English 당점 / 회전
Manipulate 조절
Natural angle 자연각
Path (수구의) 진로 / 진행 방향
Rail Speed 수구의 속도
Safety 디펜스
Shot Selection 초이스
Shift 전환
Skid 미끄러짐
Slide 미끌림
Spread 변화폭
Tickie 구멍치기 / 안으로 걸어치기
Track 트랙 cf) Line : 라인 / 선
Value 수치 cf) Number : 수(數) / 숫자

스트로크의 4종류

Follow-through stroke 팔로-스루 스트로크 / 밀어치기
Jab stroke 잽 스트로크 / 끊어치기
Stop stroke 스톱 스트로크 / 멈춰치기
Forward-reverse stroke 포워드-리버스 스트로크 / 잡아치기(큐를 전진시켰다 뒤로 뺌)

추천의 글

"지난 수 년 간 월트 해리스씨는 고바야시, 고모리, 이상천, 애스비, 비탈리스 등 세계적인 스리쿠션 대가들을 찾아다니며 시스템과 테크닉의 노하우를 전수받고자 했습니다. 해리스씨는 스스로를 당구 리포터라 칭했으며, 수집한 내용을 『빌리어드 아틀라스 1, 2권』에 수록했습니다. 이 독보적인 연구 산물인 『빌리어드 아틀라스』는 곧 네델란드 시장에 소개되어 본국 스리쿠션 선수들의 기량 향상에 기여할 것이며, 결과적으로는 벨기에 선수들도 이 책의 혜택을 얻게 될 것입니다. 『빌리어드 아틀라스』는 신속한 기량 향상을 원하는 모든 스리쿠션 선수들에겐 필수품이라 할 수 있습니다."

— 제라드 클린커트(Gerard Klinkert), 네델란드 『BILJART』지 서평 중에서

"저는 이 책의 내용에 충격을 받았습니다. 조국 일본에도 이런 종류의 책은 없습니다. 제가 생각지도 못했던 시스템들이 저를 흥분케 만들었습니다. 『빌리어드 아틀라스 3권』이 출판될 때까지 기다리기가 너무 힘듭니다."

— 나카타니 토마오키(Nakatani Tomaoki), 일본 대학교 학생

"더 많은 비기들이 세상에 드러났습니다. 캐롬 선수라면 절대 놓쳐서는 안될 책입니다. 또한 나인볼, 원포켓, 심지어는 에잇볼 게임까지 승리로 이끌 수 있는 무기를 제공해 줄 것입니다."

— 톰 쇼우(Tom Shaw)씨의 『풀 앤들 빌리어드(Pool and Billiard)』지 서평 중에서

"당신의 책 덕분에 저는 당구에서 가장 큰 희열을 느낄 수 있었습니다. 게임에서 이기는 것도 물론 즐겁지만, 무엇보다도 게임의 원리를 배워나가는 것이 제일 즐겁습니다."

— 론 세이츠(Ron Seitz), 뉴욕 웨스트 포인트

"자신이 알고 있는 당구 지식을 조금이나마 남에게 전수해 주려는 사람이 아직 이 세상에 남아있다는 사실이 매우 기쁩니다. 게다가 『빌리어드 아틀라스』는 여타 당구 교본보다 훨씬 쉽게 쓰여졌습니다."

— 드와잇 배리(Dwight Barry), 브라질 상파울루

"플로리다 펜션 건축가였던 월트 해리스씨는 당구계 곳곳을 돌아다니며 그가 구축한 정확한 시스템을 보급하고 있다. '정상급 선수가 되는 비법은 무엇인가? 시스템인가 감각인가, 아니면 계산법인가 직관인가?' 라는 질문에 당구계는 두 가지 정파로 나뉜다 (중략) 해리스씨는 『빌리어드 아틀라스』에서 소개한 시스템을 이용하면 초심자들이 빠르게 기량 향상을 이룰 수 있다고 장담한다. 책에서는 여러 가지 각도와 당구대 의 포인트에 숨겨진 수학, 그 비밀들을 이야기하고 있다. 또한 그림을 통해 정확한 예를 제시함으로써 해리스씨는 암흑기에 종말을 고했다."

— 1995년 『DER SPIEGAL』지 서평 중에서

"『빌리어드 아틀라스』 책을 읽다 보면 저자가 당구 경기 자체의 발전을 위해 얼마나 많은 노력을 기울였는지 알 수 있습니다. 이는 당구계에서 흔치 않은 일입니다. 책에서 소개한 다이아몬드 시스템은 매우 인상적입니다. 과거에는 사용할 수 있는 시스템이 많지 않는데, 고작 해야 로저 콘디(Roger Condi)나 윌리 호프(Willie Hoppe)의 시스템이 전부였습니다. 만약 세계 정상급 선수들이 비밀로만 간직했다면, 그들이 사용하는 시스템을 결코 알 수 없었을 것입니다."

— 마이클 카쿨리디스(Michael Cacoulidis), 그리스 테살로니키

시스템과 테크닉에 관한 연구
BILLIARD ATLAS
빌리어드 아틀라스
❸

- 발행일 2014년 10월 1일
- 저 자 월트 해리스
- 역 자 민 창 욱
- 발행자 남   용
- 발행소 일신서적출판사

주 소 : 121-855 서울시 마포구 신수동 177-3
등 록 : 1969. 9. 12.(No. 10-70)
전 화 : 영업부 (02)703-3001~5
FAX : 영업부 (02)703-3009

ⓒ 월트 해리스
ISBN 978-89-366-0969-6

값 20,000원

※ 이 책의 한국어판 저작권은 저자와의 독점계약에 의하여 본사에 있습니다. 한국 내에서 보호를 받는 저작물이므로 무단 전재와 무단 복제는 법적 처벌의 대상이 됩니다.